Topsch

Grundwissen: Schulpraktikum und Unterricht

Wilhelm Topsch

Grundwissen: Schulpraktikum und Unterricht

Studientexte
für das Lehramt
Band 13

herausgegeben von
Eiko Jürgens

Luchterhand

Die Deutsche Bibliothek – CIP-Einheitsaufnahme

Topsch, Wilhelm:
Grundwissen: Schulpraktikum und Unterricht / Wilhelm Topsch. –
Neuwied; Kriftel: Luchterhand 2002
(Studientexte für das Lehramt; Bd. 13)
ISBN 3-472-04590-6

www.luchterhand.de

Umschlag: Ute Weber GrafikDesign, Geretsried
Papier: Permaplan von Arjo Wiggins Spezialpapiere, Dettingen.
Druck: Neuwieder Verlagsgesellschaft mbH, Neuwied
Printed in Germany, Januar 2002

♾ Gedruckt auf säurefreiem, alterungsbeständigem und chlorfreiem Papier.

Inhalt

Vorwort des Herausgebers

Studienbegleitende Praktika sind in allen Lehramtsstudiengängen vorgesehen. Allerdings sind schulpraktische Studien bzw. Schulpraktika aus unterschiedlichen Gründen und Motivlagen in die Diskussion im Zusammenhang mit der Reform der Lehrer(aus)bildung geraten. Eine Reihe der offenen Fragen konzentrieren sich auf die Klärung der Ziele, Funktionen und Inhalte der Schulpraktika. Einigkeit scheint lediglich in der Auffassung zu bestehen, schon während der universitären Hochschulausbildung bzw. der Ausbildung an wissenschaftlichen Hochschulen Theorie und Praxis aufeinander zu beziehen, d. h. unter bestimmten Prämissen miteinander zu verknüpfen, und dass Schulpraktika dazu einen (wichtigen) Beitrag leisten könnten. Zu fragen ist demzufolge vor allem nach den Funktionen von Schulpraktika in Lehramtsstudiengängen im Zusammenhang des Theorie-Praxis-Bezugs während einer wissenschaftlichen Ausbildung, und zwar in Abgrenzung von der 2. Ausbildungsphase, dem Referendariat, in welchem sich diese Thematik unter einer anderen Perspektive darstellt. Weil nicht darauf vertraut werden kann, dass eine noch so professionell angelegte theoretische Bildung bzw. Qualifizierung gleichsam wie von selbst in eine reflektierte selbstgesteuerte Auseinandersetzung mit der Praxis einmündet, sondern der angeleiteten Komplementarität selbst befragter und selbst erforschter Praxis bedarf, ist die Antwort auf das Wozu eines Schulpraktikums genau in diesem Prinzip angesiedelt. Lehramtsstudierende sollen die Möglichkeit erfahren, ihr künftiges Berufsbild aus der persönlich neuen Perspektive, der Lehrerperspektive, in der sich bietenden Breite kennen zu lernen und auf der Grundlage einer prüfenden Theorie-Praxis-Verflechtung weiterführende Erkenntnisse für ihr wissenschaftliches Studium zu gewinnen. Selbstexploration und Selbstreflexion sind sowohl wichtige Ziele als auch die tragenden didaktischen Pfeiler der eigenen Annäherung an den Praxis- und Berufsbezug künftigen Lehrerdaseins.

Wilhelm Topsch beginnt seine Publikation an diesem Punkt, indem er überzeugend dargelegt hat, warum und unter welchen Bedingungen Schulpraktika Sinn machen in doppelter Bedeutsamkeit. Einmal für den Lehramtsstudierenden, der nicht nur sehr viel über sein künftiges Berufsfeld erfahren kann, sondern ebenso viel über sich selbst und das Praktikum als Chance zu einer nachhaltigen Selbstüberprüfung für sich nutzen kann. Daraus entsteht neue Motivation für die getroffene Entscheidung und die Zuversicht, das Richtige zu tun. Andererseits sollten Studierende über die Absolvierung von Praktika ebenfalls die Relevanz tragfähiger wissenschaftlicher Theorien erfahren und lernen, dass es keine theorielose Praxis gibt.

Weil Schulpraktika sich nun einmal auf das Berufsfeld Schule beziehen, ist es nur folgerichtig, wenn ein wichtiges Kapitel der Thematik »Was muss ich über Schule wissen?« gewidmet ist. Weitere Schwerpunkte sind: »Beobachten im Praktikum – wie geht das?«, »Was muss ich über Didaktik wissen?«, »Zwischenruf: Wo bleiben die Prinzipien?«, »Wie plane ich Unterricht?« und abschließend »Praktikum und Praktikumsbericht«. Die Auswahl dieser Schwerpunkte ist klug gewählt und bietet den Lehramtsstudierenden einen grundlegenden Einblick in die vielfältige Palette der theoretischen und praktischen Aspekte, die im Zusammenhang mit der Erkundung des künftigen Berufsfeldes herausragende Relevanz aufweisen. In der vorliegenden kompakten Form eignet sich das Buch als ein hervorragender Praktikumsbegleiter, der zugleich Einführung und Handbuch sein will und dem Leser eine Reihe wichtiger Kenntnisse und Erkenntnisse über die Theorie und Praxis des Berufsfeldes Schule vermittelt.

Bielefeld, im November 2001   Eiko Jürgens

1 Einleitung

Viele Ihrer bisherigen Lebenserfahrungen sind direkt oder indirekt mit Schule verknüpft. Als Schülerin oder Schüler haben Sie Unterricht über Jahre hinweg aus nächster Nähe erlebt. Sie haben Höhen und Tiefen, Pannen, Pleiten, Reinfälle ebenso erlebt wie Ideen, Innovationen und Einfälle. Sie haben gelernt, dass Lehrer auch bloß Menschen sind, und manchmal den Eindruck gewonnen, dass die besondere Leistung der Schule darin zu liegen scheint, der nachfolgenden Generation zu ausreichender Frustrationstoleranz zu verhelfen. Sie haben motiviert und selbstbestimmt Einsichten erworben, zusammenhangslos, fremdbestimmt und ohne Motivation Fakten gebüffelt, einfallsreich getrickst und stumpf geschummelt. Sie wissen, welche Fächer Ihnen mehr und welche Ihnen weniger ›liegen‹.

In kaum einem anderen Studienfach oder Berufsfeld können Studierende und Berufsanfänger eine vergleichbar große Vorerfahrung aufweisen: Das stimmt sicherlich, aber Sie wissen auch, dass dies nur die halbe Wahrheit ist. Die Aufgaben- und Kompetenzfelder des Lehrerberufes haben Sie in ihrem Schülerleben nur unvollständig und dann auch nur von der Komplementärseite her kennen gelernt. Nun bereiten Sie sich selbst auf den Lehrerberuf vor – und das ist etwas anderes. Mit Sicherheit haben Sie inzwischen erkannt, dass Sie einen Beruf anstreben, der nicht nur Sonnenseiten hat. Sie haben einen Beruf mit vielen inneren Widersprüchen gewählt, - einen Beruf, bei dem ›richtige‹ Entscheidungen oder ›falsche‹ Entscheidungen oftmals nur eine Frage des Blickwinkels zu sein scheinen. Andererseits können Sie im Beruf der Lehrerin oder des Lehrers auch viel Anerkennung finden: Er zählt zwar nicht zu den Spitzenberufen der Einkommenshierarchie, aber in der öffentlichen Meinung rangiert er sehr weit oben.[1]

„Ich hatte gemischte Gefühle: Einerseits hatte ich Lust auf Praxis, anderseits war die Organisation wirklich chaotisch..."

„Meine Befürchtungen: Werden mich die Kinder ernst nehmen..."

„Erst war ich sehr nervös und aufgeregt. Ich hatte keine Ahnung wie es laufen würde. Aber dann lief es ziemlich gut..."

Möglicherweise befinden Sie sich im Rahmen Ihres Lehramtsstudiums gerade in einer Phase der Vorbereitung auf ein Praktikum[2] oder Sie stehen als Anfängerin/Anfänger vor einer Schulklasse und sollen Unterricht erteilen. Sie werden sehr schnell den Eindruck gewinnen, dass in der Pädagogik wie kaum in einem anderen Fach eine deutliche Kluft zwischen Theorie und Praxis besteht. Einerseits sind erziehungswissenschaftliche Theorien und fachwissenschaftliche Kenntnisse kein Garant für erfolgreichen Unterricht. Andererseits geht es ohne Theorien und Fachwissen nicht – sie bilden den Fokus Ihrer Professionalisierung. Erst durch die theoretische Reflexion entsteht Lehrerhandeln, das sich von naivem Pragmatismus unterscheidet. Planung, Durchführung und Auswertung von Unterricht, und dies Tag für Tag, setzen einen großen Fundus von Kenntnissen voraus.

Sie werden bemerken, dass Unterricht kein einfacher Sukzessivprozess ist, den man als schlichte »Wenn-Dann-Abfolge« planen und realisieren könnte. Unterricht ist vielmehr ein kaum zu überschauendes Gefüge unterschiedlicher Faktoren, die sich simultan entwickeln und dabei wechselseitig überlagern, unterstützen oder hemmen können. Sie werden relativ schnell erkennen, dass Wissen in einem isolierten Bereichen zwar hilfreich, aber keineswegs ein Garant für erfolgreichen Unterricht ist. Vielmehr benötigen Sie bereits in der Situation als Praktikantin oder Praktikant während der ersten Ausbildungsphase – erst recht im Referendariat – einen zutreffenden Überblick über das Ganze des Unterrichtmachens. Für die Praktika liegt die eigentliche Herausforderung darin, dass Sie Einblicke in die Kompetenzfelder des Lehrerberufes gewinnen und Handlungserfahrungen im Unterrichten erwerben sollen *und gleichzeitig* über die Einsichten, Fähigkeiten und Haltungen schon verfügen müssen, die Sie gerade erst erwerben wollen. Sie brauchen oft einen zutreffenden Überblick über das Ganze, um das Einzelne entscheiden oder auch nur einordnen zu können. Mit anderen Worten: Sie müssen die Quadratur des Kreises bewältigen. Ein aussichtsloses Unterfangen? Keinesfalls – aber eine wirkliche Herausforderung, der Sie sich stellen müssen.

Dabei kommt Ihnen entgegen, dass – um im Bilde zu bleiben – weder das ›Quadrat‹ noch der ›Kreis‹ für das unterrichtliche Handeln abschließend definiert werden können. Die Begriffe ›richtig‹ und ›falsch‹ sind hinsichtlich der Planung, Durchführung und Auswertung von Unterricht – ja, hinsichtlich vieler Phänomene des Lehrerhandelns insgesamt – nur durch ein ›mehr oder weniger plausibel begründet‹ und ›mehr oder weniger theorieorientiert argumentiert‹ zu ersetzen. Ob etwas ›richtig‹ oder ›falsch‹ ist, hängt zwar nicht nur, aber eben *auch* von Perspektiven, Situationen, Intentionen und Argumentationszusammenhängen ab. Kurz: Sie brauchen bereits für Ihr erstes Praktikum einen schulpädagogischen Erklärungszusammenhang, um die Phänomene des Unterrichts deuten oder steuern zu können. Schon die einfache Frage, wie das Einmaleins mit der Zwanzig (meist Stoff des 3. Schuljahres) am zweckmäßigsten im Unterricht eingeführt werden sollte, lässt sich nur im Hinblick auf eine bestimmte Gruppe von Kindern, die in einer bestimmten Situation unter bestimmten Bedingungen lernt, beantworten.[3] Dabei wird auch sehr schnell klar, dass Fachwissen allein dafür nicht ausreicht. Sie benötigen vielmehr ein schulpädagogisches Koordinatenkreuz – in dessen Mitte übrigens nicht die Lehrenden oder der ›Stoff‹, sondern die Lernenden stehen.

 Welche Funktion kann der vorliegende Band übernehmen? Seine Absicht ist es, Fakten und Zusammenhänge bereitzustellen, einen Überblick zu vermitteln und unterschiedliche Entscheidungsmöglichkeiten zu eröffnen. Vieles, aber nicht alles steht unter der Perspektive des Unterrichts, denn Ihre schulpraktische Erkundung soll mehr als Unterricht in den Blick bringen. Daher ist der Rahmen weiter gespannt. Er enthält Elemente der Schulpädagogik und will Zugriffe auf deren Theoriebestände eröffnen, ohne dabei eine breitere Einführung in die Schulpädagogik[4] ersetzen zu können.

Die einzelnen Kapitel orientieren sich an pragmatischen Fragestellungen und können bei Bedarf auch unabhängig voneinander gelesen werden – zumindest solange dabei das Ganze nicht aus dem Auge verloren geht. Der Band orientiert sich an einer Reihe von Leitfragen, z. B.

- *Praktikum – wozu?*
- *Was muss ich über Schule wissen?*
- *Beobachten im Praktikum – wie geht das?*
- *Was muss ich über Didaktik wissen?*
- *Wo bleiben die Prinzipien?*
- *Wie plane ich Unterricht?*
- *Wie gehe ich mit Störungen um?*
- *Was berichte ich im Praktikumsbericht?*

Das Schulpraktikum lässt sich grob in drei Phasen gliedern: Vorbereitungsphase-Durchführungsphase-Auswertungsphase. Dieses Buch wendet sich insbesondere der Vorbereitung und der Durchführung zu. Es enthält viele konkrete Anregungen und Checklisten, die Ihr Augenmerk auf bestimmte Schwerpunkte ausrichten. Der Auswertungsaspekt wird pragmatisch auf den Praktikumsbericht konzentriert.

 Absicht dieses Buches ist es, *Grundwissen für Schulpraktikum und Unterricht* bereitzustellen. Theoretische und praktische Aspekte sollen so verknüpft werden, dass eine unterrichtsrelevante Einheit entsteht, die das Verständnis für spezifische Situationen fördert und Perspektiven für das unterrichtliche Handeln eröffnet.

Anmerkungen

1 In der Allensbacher Berufsprestigeskala 2001 rangieren Grundschullehrer auf Rang 5 (*nach* ›Rechtsanwalt‹ und ›Unternehmer‹ aber *vor* ›Atomphysiker‹ oder ›Apotheker‹) und Studienräte auf Platz 14 (*nach* ›Botschafter, Diplomat‹, ›Direktor einer großen Firma‹ und ›Journalist‹, aber *vor* ›Offizier‹ oder ›Politiker‹). Quelle: Allensbacher Bericht Nr. 16/2001. Vgl. Forschung und Lehre 8, 2001, 398.

2 Bei den eingestreuten ›Randbemerkungen‹ handelt es sich teils um schriftliche Rückmeldungen von Lehramtsstudierenden der Carl-von-Ossietzky Universität Oldenburg (für die ich hiermit danke), teils um Zitate aus der Literatur.

3 Vgl. die immer noch lesenswerten Ausführungen von Henningsen, Jürgen: Reflexion vor Ort. In: Unterricht. Aufbau und Kritik. Hrsg. Günther Dohmen, / Friedemann Maurer. München: Piper ⁶1976, 102-109.

4 Vgl. hierzu u. a.: Kiper, Hanna: Einführung in die Schulpädagogik. Weinheim und Basel 2001.
Meyer, Hilbert: Schulpädagogik. 2 Bde. Berlin: Cornelsen Verlag Scriptor 1997.

2 Praktikum – wozu?

2.1 Praktikum und die Lehramtsstudiengänge

Praktika sind ein unerlässlicher Bestandteil aller Lehramtsstudiengänge. Sie sind in allen Ländern der Bundesrepublik Deutschland für Lehramtsstudierende verbindlich vorgeschrieben. Diese Aussage täuscht allerdings Einheitlichkeit vor, wo in Wirklichkeit Vielfalt vorherrscht.

2.1.1 Praktikumsarten

In den unterschiedlichen Prüfungs-, Studien und/oder Praktikumsordnungen der einzelnen Bundesländer kommen im Zusammenhang mit ›Praktikum‹ folgende Begriffe vor:

- Erkundungspraktikum
- Orientierungspraktikum
- Vorpraktikum
- Semesterpraktikum
- Allgemeines Schulpraktikum
- schulpädagogisches Praktikum
- schulpraxisbezogenes Projekt
- schulformspezifisches Praktikum
- erziehungswissenschaftliches Praktikum
- Hauptpraktikum
- Fachpraktikum
- Unterrichtspraktikum
- fachwissenschaftliches Praktikum
- fachspezifisches Praktikum
- Sozialpraktikum
- Sozial- oder Betriebspraktikum
- Vereinspraktikum.

Sie sehen: Schon die Benennung der Praktika weicht weit voneinander ab. Wenn es stimmt, dass die Anzahl von Wörtern für einen Sachverhalt als Hinweis auf dessen Wichtigkeit in der Gesellschaft zu verstehen ist, dann könnte die Begriffsvielfalt als Hinweis auf die exponierte Stellung von Praktika in den Lehramtsstudiengängen gedeutet werden. So einfach ist es nicht:

- Einerseits lässt sich ein Teil der begrifflichen Differenzen durch Konventionen und sprachliche Traditionen erklären (was man hier ›Allgemeines Schulpraktikum‹ nennt, nennt man woanders vielleicht ›Erkundungspraktikum‹).
- Andererseits weisen die Begriffe z. T. auch auf deutlich unterschiedene Organisationsformen und Zielsetzungen hin (›nomen *est* omen‹).

Grob lassen sich zunächst sozialpädagogische Praktika, schulpädagogische Praktika und fachdidaktische Praktika voneinander unterscheiden. Die letzteren werden häufig als »Allgemeines Schulpraktikum« und als »Fachpraktikum« bezeichnet. Verschiedene Praktikumsformen in außerschulischen Institutionen (sozialpädagogische Praktika), z. B. Kindergärten, Betriebe, Vereine, treten in einzelnen Bundesländern hinzu. Als Oberbegriff für alle drei Bereiche wird verschiedentlich die Bezeichnung »Schulpraktische Studien« verwendet.

Als Entwicklungsperspektive kann man zusammenfassend festhalten: »Das in allen Ländern garantierte Minimum von zwei Schulpraktika – zumeist als vierwöchige Blockpraktika in der veranstaltungsfreien Zeit – müßte sowohl quantitativ wie auch qualitativ ausgebaut werden, einmal vermehrt um sogenannte semesterbegleitende schulpraktische Übungen [...], zum anderen aber – und das ist wichtiger – als Dreh- und Angelpunkt von mehrsemestrigen Projekten.«[1]

Aufgrund der Kulturhoheit der Bundesländer gibt es nicht nur unterschiedliche Begriffe, sondern auch erheblich voneinander abweichende administrative Rahmenbedingungen.

- Hinsichtlich der Organisationsform lassen sich unterscheiden: Tages- oder Semesterpraktika, die in der Veranstaltungszeit semesterbegleitend stattfinden, und mehrwöchige Blockpraktika, die in der veranstaltungsfreien Zeit stattfinden.
- Die Schulpraktika sind teils auf Schulstufen und Schularten bezogen, in denen die Studierenden ihren späteren beruflichen Schwerpunkt haben, teils werden aber auch bewusst andere Schulstufen oder Schularten mit einbezogen.
- Die Dauer der Praktika wird teils in Schultagen, teils in Wochen angegeben und schwankt zwischen Bundesländern oder Hochschulen erheblich.

Praktika sind an Ordnungen und Erlasse gebunden. In der Regel ist die erfolgreiche Ableistung der Praktika eine Voraussetzung für die Zulassung zu einzelnen Prüfungsteilen oder zum ersten Staatsexamen insgesamt. Beachten Sie auch, dass die Regelungsdichte für Praktika meist mindest ebenso hoch oder sogar höher ist als für das übrige Studium.

Beispiel:
Als organisatorische Essentials für die Praktika im Rahmen des Lehramtsstudiums in Niedersachsen lassen sich die nachfolgenden Punkte festhalten. Ähnliche Aussagen werden Sie auch in den für Sie geltenden Prüfungs-, Studien- oder Praktikumsordnungen finden. Das Beispiel zeigt auf, wie hoch die ›Regelungsdichte‹ für Praktika ist:

1 Grundlage der Praktika ist die Prüfungsverordnung. In § 26 der *PVO Lehr I* heißt es:»Zu den Arbeiten unter Aufsicht und den mündlichen Prüfungen wird zugelassen, wer nachweist: die Ableistung eines Sozial- oder Betriebspraktikums von vier Wochen Dauer, die erfolgreiche Ableistung zweier Schulpraktika von insgesamt acht bis zehn Wochen Dauer.«[2]

2 In der ›Durchführungsbestimmung zur Prüfungsverordnung‹ wird hierzu ergänzend erläutert:»Die Schulpraktika sind das Allgemeine Schulpraktikum und das Fachpraktikum in einem Unterrichtsfach. Sie finden in der Regel als Blockpraktika in den vorlesungsfreien Zeiten der Semester statt [...]. Schulpraktika werden von der Hochschule vorbereitet, begleitet und nachbereitet. [...] Eines der Praktika soll in einer Schulform abgeleistet werden, die dem gewählten Schwerpunkt entspricht. [...] Die erfolgreiche Teilnahme wird bescheinigt, wenn die Teilnahme und Mitarbeit in den Begleitseminaren regelmäßig erfolgte, die Vorbereitung der Unterrichtsstunden zumindest ausreichend war, ein den Anforderungen genügender Praktikumsbericht vorgelegt wurde, keine erheblichen Bedenken dagegen bestehen, dass die unterrichtspraktischen Fähigkeiten eine spätere erfolgreiche Tätigkeit im Lehrberuf erwarten lassen.«[3]

3 Im ›Erlass über Schulpraktika als Zulassungsvoraussetzungen zu Ersten Staatsprüfungen‹ heißt es:»Bei der Durchführung der Schulpraktika werden die Studierenden von Lehrkräften betreut. Lehrende der Hochschule können bei den Unterrichtsversuchen der Studierenden anwesend sein [...] Während des Blockpraktikums sollen die Studierenden an allen Schultagen in der Schule anwesend sein, je Schulwoche 15 bis 20 Zeitstunden [...] Frühestens von der zweiten Woche an können sie unter Anleitung Versuche eigenen Unterrichtens [...] durchführen [...] jedoch nicht mehr als durchschnittlich eine Unterrichtsstunde pro Schultag [...] Die Studierenden legen der betreuenden Lehrkraft vor jedem Versuch eigenen Unterrichts einen kurzen schriftlichen Entwurf vor [...] Über jedes Schulpraktikum fertigen die Studierenden eine schriftliche Ausarbeitung und legen diese der Schule und der Hochschule vor [...] Nach Ableistung des Praktikums erhalten die Studierenden von der Schule eine von der Schulleitung und von der betreuenden Lehrkraft unterzeichnete Bescheinigung.« Ferner heißt es:»Die Studierenden haben [...] die geltenden Vorschriften zu beachten und diesbezügliche Weisungen der betreuenden Lehrkräfte und der

Schulleitung zu befolgen. Sie haben über die [...] durch das Schulpraktikum bekannt gewordenen Tatsachen Verschwiegenheit zu wahren.«[4]

4 Im ›Merkblatt zur Erfolgsbescheinigung‹ heißt es über Zweifelsfälle im Bereich der unterrichtspraktischen Fähigkeiten: »Zweifel im Sinne der Bestimmung der neuen PVO Lehr I sind im Benehmen zwischen Schule und Universität zu klären. Diese Zweifel schließen grundsätzlich die Möglichkeit zur Wiederholung eines Schulpraktikums nicht aus, können zugleich aber auch zu einer Empfehlung führen, das Studium in der LehrerInnenbildung nicht fortzusetzen. Die Gründe sind dem betroffenen Studenten/der betroffenen Studentin in einem (Beratungs)Gespräch darzulegen. [...] Über das Gespräch ist grundsätzlich ein Protokoll in rechtlich überprüfbarer Form anzufertigen, in dem die Bedenken im Sinne der neuen Bestimmung der PVO Lehr I dargelegt und begründet werden. Das Protokoll wird dem/der Studierenden ausgehändigt und wird in Schule und Universität [...] zu den Akten genommen.«[5]

Es würde den Rahmen sprengen, Prüfungsordnungen, Studienordnungen und Praktikumsordnungen von sechzehn Bundesländern und die hochschulspezifischen Unterschiede zu entflechten und differenziert darzustellen. Daher ist es unverzichtbar, dass Sie selbst die Praktikumsregelungen *Ihres* Lehramtes, in *Ihrem* Bundesland, an *Ihrer* Hochschule erkunden. Leitfragen hierzu finden Sie in einer Checkliste am Ende dieses Kapitels. Sicherlich gibt es an Ihrer Hochschule ein Praktikumsbüro, Praktikumsamt, ein Zentrum für pädagogische Berufspraxis oder eine ähnliche Institution, bei der Merkblätter, Hinweise oder Auszüge aus den entsprechenden Ordnungen, Erlassen und Vereinbarungen ausliegen oder eingesehen werden können. Auch ältere Studierende, Fachschaften und Hochschullehrende, die Praktika vorbereiten und betreuen, können Ihnen zusätzliche Auskunft geben.

Siehe
Checkliste 1

2.1.2   Praktikumsziele

Ziel des Schulpraktikums (schulpädagogisches Praktikum, Allgemeines Schulpraktikum) ist die Einführung in das Berufsfeld von Lehrerinnen und Lehrern. Aus der Sicht von Schülerinnen und Schülern haben Sie Schule und Unterricht lange genug erlebt. Deshalb sollen Sie im Praktikum die Breite des Berufsfeldes erkunden, sich mit dem Aufgabenspektrum vertraut machen und die Belastung im Schulalltag zumindest partiell erleben. Dies soll einerseits die Komplexität des angestrebten Berufes fassbarer machen, und Ihnen andererseits dazu verhelfen, auf der Grundlage einer Theorie-Praxis-Verschränkung neue Perspektiven für Ihr wissenschaftliches Studium zu gewinnen. Ziele des Praktikums sind also eine Kompetenzerweiterung ebenso wie die Selbstüberprüfung und Selbsterkundung.

Im Fokus des Berufsfeldes von Lehrerinnen und Lehrern steht der Unterricht. Daher liegt der Interessenschwerpunkt vieler Studierender auch auf diesem Bereich. Sie wollen sich als Unterrichtende erproben und ihr Verhältnis zu den Kindern klären. Dennoch wäre es falsch, die Aufmerksamkeit allein auf diesen Bereich zu beschränken. Das Praktikum ist dazu geeignet, eine Gesamtschau des Berufsfeldes Schule – wie partiell das Praktikum auch immer angelegt sein mag – zu vermitteln. So gesehen ist es keine Schikane, wenn erwartet wird, dass die Praktikanten an allen Schultagen ihres Praktikums an der Schule anwesend sind und wenn ihr Schultag – wie der von Lehrerinnen und Lehrern – vor 8:00 Uhr beginnt. In Ihrem Praktikum sollten Sie sich als temporäres Mitglied ›Ihres‹ Kollegiums verstehen (nicht als Reisender, der auf gepacktem Koffer sitzt und sich freut, wenn er einen Zug früher nehmen kann).

„Im Praktikum habe ich gemerkt, dass Unterrichtsvorbereitung ziemlich wichtig ist. Insgesamt hat mich das Praktikum in meiner Berufswahl bestärkt…"

„Ich habe meinen Beruf endlich mal aus der Nähe erlebt und bin um einige Erfahrungen reicher…"

Schule und Unterricht kommen auf der Folie von zahlreichen gesellschaftlichen Bedingungen zustande. Sie haben viele Quellen und unterliegen den unterschiedlichsten Einflüssen. Im Praktikum erleben Sie die Komplexität des Lehrerberufes, die wechselseitige Bedingtheit der einzelnen Komponenten des Lehrerhandelns und die gesellschaftliche Rahmung von Unterricht. Das Schulpraktikum sollte daher dazu genutzt werden, auch die nicht lehrenden Aktivitäten von Lehrerinnen und Lehrern zu beobachten und die bestehenden (oder fehlenden) Verflechtungen der Schule mit dem Stadtteil, der Gemeinde oder Region zu analysieren.

Es ist kein Widerspruch, wenn beim Schulpraktikum der Unterricht im Vordergrund steht. Zur Einführung in die Perspektive von Lehrerinnen und Lehrern gehören aber auch

- Konferenzen, Elternabende, Elternbesprechungen,
- die Organisation von Theaterbesuchen, Ausflügen o. ä.,
- die Erkundung von Fort- und Weiterbildungsmöglichkeiten für Lehrerinnen und Lehrer,
- ggf. Kontakte zum Schulamt, zum Schuldezernenten
- oder die Erkundung von weiteren Bildungs- und Kulturangeboten in der Gemeinde oder in der Region. (Nach zwölf- oder dreizehnjährigem

Schulbesuch erscheint Ihnen der Gedanke, dass Schule etwas mit Kultur zu tun haben soll, hoffentlich nicht als suspekt.)

Das Schulpraktikum soll helfen

- Instrumente zur Beobachtung, Beschreibung und Analyse von Unterricht zu entwickeln und anzuwenden,

- didaktische Theorien und Modelle auf das Berufsfeld zu beziehen,

- gesellschaftliche und anthropogene Bedingungen des Lernens in der Schule zu analysieren,

- Planungs- und Entscheidungsfelder des Lehrerhandelns auszuloten,

- Dimensionen methodischen Handelns zu entwickeln,

- Schule als Erziehungsfeld wahrzunehmen,

- nicht lehrende, außercurriculare und außerschulische Aspekte des Berufes zu erkunden.

Das Schulpraktikum bietet eine günstige Gelegenheit, den Ertrag pädagogischen Handelns sowohl theoriegeleitet wie auch praxisorientiert zu erörtern. Der Diskurs kann eine Theorie-Praxis-Spirale in Gang setzen: Was sich ohne Theorie und ohne Begriffe als kaum entwirrbares Knäuel situativer Handlungen von Lehrern und Kindern darstellt, lässt sich theorieorientiert zumindest in den Hauptlinien kategorisieren und katalogisieren. Zugleich kann die Aufhellung der Praxis durch Theorie aber auch eine weitere Drehung der Theorie-Praxis-Spirale – und damit eine Komplizierung von zunächst ›einfachen‹ oder kaum hinterfragten begrifflichen Setzungen – bedeuten.

Beispiel ›angemessene‹ Hausaufgaben

- Angesichts der unterschiedlichen Lernstände der Kinder einer Klasse, sowie unterschiedlicher häuslicher Bedingungen, des weit voneinander abweichenden Arbeitstempos usw. ist die Erteilung von ›angemessenen‹ Hausaufgaben für zwanzig bis fünfundzwanzig Kinder einer dritten Klasse eine schwierige pädagogische Aufgabe. Die Komplexität dieses alltäglichen schulischen Tatbestandes kann in der Praxis durch Ignoranz (»Hausaufgabe: Seite 36, Päckchen 5 a, b, c und 6 a, b, c!«) oder diskursiv durch eine theoriegeleitete begriffliche Unterscheidung zwischen *undifferenzierten* und *differenzierten* Hausaufgaben abgebaut werden.

- Zugleich stellt die Einführung des Gesichtspunktes ›*Differenzierung*‹ aber auch eine Erhöhung der Komplexität dar. So ergibt sich für den aufmerksamen Praktikanten möglicherweise schnell die Frage, ob sich bei *quantitativer Differenzierung* der Hausaufgaben nicht die Leistungsschere weiter öffnet: Die langsam arbeitenden Kinder erhalten weniger Aufgaben und haben daher weniger Übung als die Schnellen.

Führt quantitative Differenzierung also zur Reproduktion oder Verstärkung vorgefundener Unterschiede? Eine Differenzierung nach *zeitlichen* Gesichtspunkten (»Jeder rechnet so viele Aufgaben, wie er in 15 Minuten schafft!«) löst das Dilemma ebenso wenig auf: Wieder haben die ›Langsamen‹ weniger Übung als die ›Schnellen‹.

- Die Reduktion der Komplexität ›angemessene‹ Hausaufgaben durch Differenzierung allein reicht offenbar nicht aus. Die Sache ist komplexer. Es erscheint sinnvoll, innerhalb der Kategorie ›Differenzierung‹ zwischen *quantitativer* und *qualitativer Differenzierung* zu unterscheiden. Das könnte wiederum ein guter Grund sein, darüber nachzudenken, welchen Effekt es haben wird, wenn die ›Starken‹ die anspruchsvollen und die ›Schwachen‹ die anspruchsloseren Aufgaben lösen. (Die Theorie-Praxis-Spirale dreht sich weiter.)

Das Praktikum dient der Konkretisierung von pädagogischem Grundwissen. Durch die Beobachtung, Analyse und Reflexion ›selbstverständlicher‹ Unterrichtshandlungen, z. B. das Erteilen von Hausaufgaben, wird eine Theorie-Praxis-Annäherung ermöglicht, die Sie an anderen Stellen Ihres Studiums möglicherweise vergeblich suchen: Gut also, dass Ihnen ein Schulpraktikum Gelegenheit dazu gibt, Zusammenhänge ohne Theorie-Dominanz, aber auch ohne den Zeit- und Entscheidungsdruck, unter dem Lehrerinnen und Lehrer in der Praxis oft stehen, zu reflektieren.

2.2 Ihre Situation als Praktikantin oder Praktikant

Während des Schulpraktikums befinden Sie sich in einer ambivalenten Situation: Sie sitzen, wie man so schön sagt, zwischen ›Baum und Borke‹. Schülerin oder Schüler sind Sie nicht mehr – Lehrerin oder Lehrer sind Sie noch nicht. Sie werden sich teilweise an Ihre Schülerrolle erinnert fühlen, teilweise finden Sie sich aber auch in der Lehrerrolle wieder.

2.2.1 Rollendifferenzen

Die Rolle des Praktikanten und des Lehrers sind in vielen Bereichen nicht identisch. Unterschiede zwischen dem Lehrerhandeln und dem Handeln der Studierenden ergeben sich unter mehreren Perspektiven:

- *Zeitperspektive*

Praktikanten sind im Vergleich zu Lehrern und Schülern nur für einen sehr kurzen Zeitraum an der Schule und in einer bestimmten Klasse. Als Praktikantin oder Praktikant müssen Sie also viel kürzere Einarbeitungszeiten in Kauf nehmen als reguläre Lehrkräfte. Aber auch den Kindern bleibt eine kürzere Zeit, sich auf Ihre Eigenarten einzustellen. Zudem stehen die meisten Beziehungen, die Sie im Praktikum zu Kindern anknüpfen, unter dem Vorbehalt eines alsbaldigen Verfallsdatums. Oft wissen das auch die Kinder, zumindest dann, wenn sie praktikumserfahren sind.

- *Verantwortungsperspektive*

Praktikantinnen und Praktikanten verantworten ihren Unterricht nicht selbst. Immer dann, wenn wirkliche Entscheidungs- oder Verantwortungsautorität gefragt ist, in weiten Bereichen von Unterricht und Schulalltag also, sind sie auf geborgte Autorität angewiesen.

- *Kompetenzperspektive*

Fast immer fehlt es Praktikantinnen und Praktikanten an ausreichender Kompetenz. Sie haben weder ihr Pädagogikstudium noch ihr Fachstudium abgeschlossen. (Oft haben sie das Studium gerade erst aufgenommen, z. B. wenn das Schulpraktikum aus organisatorischen Gründen bereits nach dem zweiten Semester erfolgt.)

- *Administrationsperspektive*

Praktikantinnen und Praktikanten haben keine Staatsprüfung oder auch nur eine vergleichbare Prüfung abgelegt. Sie haben auch noch keinen ›Dienstherrn‹ (ein Wort, das nicht gerade auf eine reiche demokratische Tradition schließen lässt) und – sie erhalten kein Gehalt, obwohl sie bezüglich ihres Arbeitseinsatzes während des Schulpraktikums oft einen hohen Aufwand treiben müssen.

- *Rollenperspektive*

Die soziale Rolle von Praktikantinnen und Praktikanten ist ambivalent. Als Studierende stehen sie oft der Schülerrolle noch relativ nahe. Ihre Haltung zur Erwachsenenrolle ist oft noch nicht abschließend geklärt. Wirtschaftlich haben sie sich meist nur teilweise oder noch gar nicht aus der Abhängigkeit gelöst.

- *Kooperationsperspektive/Kommunikationsperspektive*

Aufgrund der mangelnden Kompetenz und der fehlenden eigenständigen Verantwortung in pädagogischen Bezügen sind Praktikantinnen und Praktikanten in hohem Maße auf Kooperation verwiesen. Sie müssen in der Lage sein, mit Mentoren und anderen Lehrkräften, Schülerinnen und Schülern Mitpraktikanten und betreuenden Hochschullehrern zu kooperieren und zu kommunizieren.

Das sind Positionen, die Sie vielleicht als herbe Einschränkungen erleben werden. Deshalb ist es ratsam, sich rechtzeitig darauf einzustellen. Auf der anderen Seite bringt die Praktikumssituation auch Chancen mit sich, die den regulären Lehrkräften verwehrt sind. Als Praktikantin oder Praktikant sind Sie in der angenehmen Situation, viele Lehrerhandlungen (des Mentors oder von Kommilitonen) reflektierend auf ihre theoretische Legitimation hin hinterfragen zu können. Über Handlungsschritte, Entscheidungen und Entscheidungsfolgen, die in der Realität vielleicht nur wenige Sekunden benötigen, können Sie ›stundenlang‹ nachdenken und diskutieren. Dafür benötigen Sie allerdings einen Theorierahmen, der Fragenperspektiven überhaupt erst eröffnet. Und schließlich haben Sie die Chance, selbsterteilten Unterricht bewusst als Teil Ihres eigenen Lernprozesses zu erleben und zu gestalten.

Letztlich kommt es im Praktikum weniger darauf an, dass Sie ›guten‹ Unterricht *erteilen* (dies einzuüben haben Sie in der zweiten Phase noch Gelegenheit genug), sondern darauf, dass Sie in der Lage sind, Kategorien und Strukturen von erziehungswissenschaftlichen Grundfragen zu erkennen und auf dieser Grundlage ›guten‹ Unterricht zu *denken*.

2.2.2   Persönlichkeitsaspekte

• *Bedeutung von Kindheitserfahrungen*

Eine bewusste Auseinandersetzung mit der eigenen Kindheit ist für alle, die professionell mit Kindern und Jugendlichen arbeiten, wichtig. Lehrerinnen und Lehrer sind fortlaufend mit Varianten und Alternativen von Kindheitsmustern konfrontiert. Ihre Sicht auf Kinderverhalten heute und die Perspektiven ihrer Bewertung sind bewusst oder unbewusst fast immer mit ihren eigenen Kindheitserfahrungen verknüpft.

»Dabei können Prozesse der Trauer und des Bedauerns über Entgangenes, Prozesse der Identifikation, der Affirmation von bestehenden Überzeugungsmustern und Vorstellungen, der Abgrenzung, des Bemitleidens etc. ablaufen. Die Erfahrungen in der eigenen Kindheit und die kognitive Repräsentanz von sich als Kind dienen dabei häufig als zentrale Bezugsgrundlage, auf der die Bewertung aktuell wahrgenommenen kindlichen Erlebens und Verhaltens stattfindet. Leide ich als erwachsene Person immer noch darunter, ein ›gehänseltes Kind‹ gewesen zu sein, werde ich auch aktuell kindliche Hänseleien anders bewerten (und damit möglicherweise anders intervenieren) als es jemand mit dem Bild von sich, ein ›starkes Kind‹ gewesen zu sein, höchstwahrscheinlich täte.«[6] Dem Schulpraktikum als einer Gelenkstelle zwischen Lehramtsstudium und Arbeitsfeld kommt auch in dieser Beziehung eine wichtige Rolle zu. Es sollte daher zur Auseinandersetzung mit der eigenen Kindheitserfahrung genutzt werden.

• *Der ›geborene Erzieher‹?*

Basiert der Beruf der Lehrerin/des Lehrers auf Persönlichkeitsmerkmalen, die sich zum Menschentypen des ›geborenen Erziehers‹[7] bündeln lassen? Zumindest seit der Einführung von Lehrerbildung gehen wir davon aus, dass dieser Beruf erlernbar ist. Er basiert auf Theoriewissen und Handlungswissen, die in der ersten und der zweiten Ausbildungsphase sowie im Rahmen der Fort- und Weiterbildung vermittelt und erworben werden. Das Studium im Allgemeinen und die Praktika im Besonderen zielen genau darauf ab. Dagegen ist die Position des ›geborenen Erziehers‹ im Rahmen der wissenschaftlichen Lehramtsstudiengänge brüchig geworden.[8] Obgleich man nicht übersehen kann, dass sich manche Studierende mit dem Lehrerberuf leichter tun als andere, steht die grundsätzliche Erlernbarkeit außer Frage. Möglicherweise hatten Studierende, die auf den ersten Blick wie eine Verkörperung der These vom ›geborenen Erzieher‹ wirken, Gelegenheit zu Lernprozessen, die vor oder außerhalb ihres Studiums lagen. Man muss realistisch zugestehen, dass die wissenschaftlichen Lehramtsstudiengänge kaum Situationen bieten, diese Lernprozesse nachzuholen. Das Praktikum ist eine der wenigen Gelegenheiten dazu.

Wenn Sie den Eindruck haben, dass bei Ihnen im Vergleich zu Ihren Kommilitonen ein Nachholbedarf besteht, oder wenn Ihr Praktikumsbetreuer Sie darauf anspricht (Vorsicht, aus falsch verstandenem Takt tut er das vielleicht nur in klausulierter Form!), wäre es klug, dieses Problem gezielt anzugehen: Schließlich basiert Ihr künftiger Beruf überwiegend auf Ihren Fähigkeiten, mit unterschiedlichen Personengruppen, oft unter erschwerten Bedingungen, sozial zu interagieren, Kontakte aufzunehmen, auszubauen und auch in Krisensituationen aufrechtzuerhalten.

Siehe Checkliste 2

Suchen Sie nach Betätigungsfeldern, in denen Sie Ihre sozialen Fähigkeiten erproben und erweitern können. Solche Möglichkeiten finden Sie in jedem Fall in der Hochschule (Mitarbeit in einer Fachschaft, Interessengemeinschaften an der Hochschule etc.) und im außerschulischen Bereich (Sportvereine, Jugendarbeit). Vielleicht können Sie aber auch an Ihrer Praktikumsschule punktuell weiterhin mitarbeiten. Gelegenheiten gibt es genug, wenn Sie danach suchen. Das Problem besteht darin, dass diese Gelegenheiten vor allem von sozial Kompetenten wahrgenommen werden, während Studierende, die einen deutlichen Nachholbedarf haben, solchen Gelegenheiten systematisch ausweichen. Falls Sie eher zur letzteren Gruppe gehören, halten Sie sich an den Konfuzius-Spruch: »Es ist besser ein Licht anzuzünden als die Dunkelheit zu beklagen.« Oder denken Sie lieber noch einmal über Alternativen nach: Niemand zwingt Sie Lehrerin oder Lehrer zu werden. Oder?

2.3 Sie und Ihre Schule

2.3.1 Anfangsprobleme

Unter organisatorischen Gesichtspunkten sollten Sie möglichst früh mit Ihrer Praktikumsschule und Ihrer Mentorin/Ihrem Mentor Kontakt aufnehmen. Oft wird diese Kontaktaufnahme auch durch die Hochschule im Rahmen einer Hospitationsveranstaltung o. ä. forciert. Wenn das nicht der Fall ist, sollten Sie – sofern Ihnen die Praktikumsschule oder sogar die Praktikumsklasse schon bekannt sind – von sich aus Schule oder Mentor anrufen und nach einem kurzen Besprechungstermin nachfragen. Natürlich darf dieser Kontakt nicht so verlaufen, dass er zur Belastung für die betreuende

Lehrkraft wird. Aber die Möglichkeit, sich die Klasse einmal anzusehen, das Schulumfeld zu erkunden, sich eine Liste von Schulbüchern, die in der Klasse benutzt werden anzulegen, nach außerschulischen Aktivitäten der Klasse zu fragen etc., das alles sollten Sie sich nicht entgehen lassen. Vielleicht ergibt sich die Möglichkeit, schon vorab einige Male in der Klasse zu hospitieren, an einem Elternabend teilzunehmen oder bei einem Schulausflug, einem Wandertag etc. dabei zu sein und mitzuhelfen. In jedem Fall erhalten Sie einen Eindruck von der Schule, und – mindestens ebenso wichtig – die Schule lernt Sie als interessierte, aktive und hilfsbereite Person kennen. Sicherlich hilft Ihnen das, die Anfangsprobleme, die ohnehin vorhanden sind, wenn Menschen sich neu in ein relativ stabiles soziales Systeme eingliedern, besser zu meistern.

„Ich war ziemlich unsicher, wie das Kollegium uns aufnehmen würde…"

„Jedenfalls war ich froh, dass ich nicht alleine mein Praktikum absolvieren musste…"

Typische Probleme für Sie selbst und für andere ergeben sich z. B. daraus, dass Sie überall auf eingespielte Strukturen treffen, die Sie nicht kennen können, deren Einhaltung aber mehr oder weniger von Ihnen erwartet wird. Das kann schon beim Parkplatz beginnen, geht mit die Frage, ob Sie sich am Kaffee im Kollegiumszimmer bedienen können, weiter und endet damit, dass die Kinder ›Ihrer‹ Klasse von Ihnen möglicherweise die Einhaltung bestimmter Interaktionsformen, Handlungsmuster oder Rituale erwarten – die Sie gar nicht kennen.

Das alles sollte Sie nicht beunruhigen, aber es ist klug, sich bewusst auf die neue Situation einstellen:

- Gehen Sie auf Kolleginnen und Kollegen, aber auch auf den Hausmeister und anderes Personal der Schule zu: Stellen Sie sich vor, zeigen Sie Ihr Interesse an Schule und Unterricht (Warum sollten Sie sonst diesen Beruf gewählt haben?). Erzählen Sie etwas von sich, z. B. welche Fächer Sie studieren, wie lange Sie an der Schule bleiben und ob Ihnen an der Schule spontan etwas positiv aufgefallen ist. Vermeiden Sie in Anfangssituationen Kritik.

- Fragen Sie ungeniert alles, was Sie nicht wissen können. Z. B. gibt es in vielen Kollegiumszimmern ›feste‹ Plätze. Auch wenn wir es nicht wahrhaben wollen, unser Revierverhalten ist im Allgemeinen recht stark. Achten Sie also darauf, niemandem ›seinen‹ Platz wegzunehmen. Es liegt nahe, dass es eine Kaffeekasse gibt: Fragen Sie, ob Sie sich während Ihres Aufenthaltes daran beteiligen können, und wie das Abspülen geregelt ist.

- Fragen Sie aber auch, ob es eine Schulbuchsammlung gibt, ob Sie Bücher aus der Kollegiumsbücherei ausleihen können, wer welche Funktionen im Kollegium wahrnimmt, ob und wie Sie Unterrichtsmedien ausleihen können, ob es einen Elternverein gibt usw.

- Machen Sie sich klar, dass die meisten Kollegien nicht gerade auf Praktikanten warten, dass man mit Ihren Vorgängern vielleicht schlechte Erfahrungen gemacht hat und dass Kontakte zur Hochschule für manche Kolleginnen und Kollegen angstbesetzt sind. Rechnen Sie also ruhig mit einer gewissen Reserviertheit, und nehmen Sie diese nicht gleich persönlich. Überlegen Sie vielmehr, wie Sie dazu beitragen können, die Situation aktiv zu überwinden.

2.3.2   Beziehungen zur Klasse

„Ich habe gute Erfahrungen mit Schülern, Unterricht und Kollegium gemacht..."

In den meisten Fällen werden Sie als Praktikantin oder Praktikant relativ schnell zu den Kindern einen guten Kontakt aufbauen können. Hier kommt Ihnen vielleicht zugute, dass Ihre Distanz zur Lebenswelt der Kinder relativ geringer ist als die anderer Lehrpersonen und dass Sie sich wahrscheinlich relativ gut in die Situation von Schülern hineindenken können. Dies sollte aber nicht dazu führen, dass Sie sich mit der Schülerrolle identifizieren. Stellen Sie weder für sich noch im Umgang mit der Klasse diesen Aspekt besonders heraus. Im Gegenteil: Wenn Sie in einen Rollenkonflikt zwischen Ihrer alten und Ihrer neuen Rolle geraten, versuchen Sie, sich bewusst mit der *neuen* Rolle auseinander zu setzen. Dazu ist das Praktikum u. a. da.

„Es hat Spaß gemacht: Die Kinder waren sehr positiv und haben tatsächlich auf meine Arbeitsaufträge reagiert..."

„In der 4. Klasse gab es einen ganz ‚schlimmen' Schüler, der meinte, dass ich ihm gar nichts zu sagen habe, weil ich keine ‚richtige' Lehrerin wäre..."

Natürlich kann es im Einzelfall auch dazu kommen, dass Praktikanten von Kindern oder von einer Klasse abgelehnt werden. Dann ist es gut, über mögliche Gründe für die Zustimmung oder Ablehnung nachzudenken. Jüngere Kinder empfinden den zeitweiligen Verlust zur Klassenlehrerin möglicherweise als negativ. Ältere Kinder und Jugendliche lehnen Praktikanten vielleicht als ›Teil des Systems‹ ab. In beiden Fällen sind es also weniger die Personen als vielmehr die Strukturen, denen die Widerstände gelten.

Die Beziehung zwischen Praktikanten und Mentoren sind für das Praktikum natürlich von ausschlaggebender Bedeutung. Praktikanten arbeiten gewissermaßen am Bungee-Seil. (Sie stürzen sich in die Tiefe, werden aber vor dem Erdkontakt abgefangen.) Als Praktikantin oder Praktikant erteilen Sie keinen selbstständigen Unterricht. Alle Ihre Unterrichtsaktionen stehen unter der Verantwortung der Mentorin/des Mentors. Sie sind also auf eine gute Zusammenarbeit angewiesen. Einerseits werden Sie vieles von der Klassenlehrerin/dem Klassenlehrer unmittelbar übernehmen (müssen): Das gilt für Inhalte ebenso wie für das methodische Vorgehen im Unterricht oder das Einhalten von Wert- und Normvorstellungen in der Klasse. Andererseits kann es nicht das Ziel des Schulpraktikums sein, eine schlichte Identifizierung der Studierenden mit den ›Praktikern‹ herbeizuführen.

 Noch etwas sollten Sie vermeiden: ›Verarbeiten‹ Sie Ihre alte Schülerrolle nicht dadurch, dass Sie eine ›Blaupause‹ oder eine ›Karaoke-Nummer‹ auf den Lieblingslehrer Ihrer eigenen Schulzeit abziehen.

2.4 Resümee

1 Praktika in den Lehramtsstudiengängen sind in allen Bundesländern mit unterschiedlichen, teils erheblich differierenden administrativen Rahmenbedingungen vorgesehen. Daher ist es unverzichtbar, die gültigen Vorgaben ›vor Ort‹ zu erkunden.

2 Das Schulpraktikum ist kein Selbstzweck: Es soll das Denken über erziehungswissenschaftliche Fragestellungen anregen, das pädagogische Feld durch ein wissenschaftliches Instrumentarium strukturieren und Ordnungsansätze in das komplexe Berufsfeld bringen. Kurz formuliert: Es soll das wissenschaftliche Lehramtsstudium durch den Kontakt mit der Praxis (einer konkreten Schule, einer konkreten Klasse, mit konkretem Unterricht) in einen angemessen Rahmen stellen.

3 Das Schulpraktikum lässt sich grob in drei Phasen gliedern: die Vorbereitungsphase (meist in Seminarform in der Hochschule), die Durchführungsphase (unter Aufsicht einer Mentorin/eines Mentors an der Praktikumsschule) und Nachbereitungs- oder Auswertungsphase (meist auf der Grundlage von Praktikumsberichten).

4 Die Vorbereitung soll praxisrelevante Theorieaspekte akzentuieren. Die Durchführung soll theorierelevante Praxisaspekte in den Blick bringen. Die Auswertung schließlich kann eine Synthese von Theorie und Praxis darstellen.

5 Schulpraktika sollen den Wechsel von der Schülerrolle zur Lehrerrolle bewusst machen und eine Erprobung in der neuen Rolle erleichtern. Praktika dienen darüber hinaus auch der ›Selbsterkundung‹.

2.5   Checkliste 1: Rahmenbedingungen

Fragen	Antworten
1 Welche Praktika muss ich ablegen?	
• Sozialpraktikum • Betriebspraktikum • Vereinspraktikum • Schulpädagogisches Praktikum • Fachpraktikum	
2 In welcher Form sind die Praktika organisiert?	
• Tagespraktikum • Blockpraktikum	
3 In oder nach welchem Semester ist die Durchführung vorgesehen?	
• erstes Praktikum • zweites Praktikum • ggf. drittes Praktikum • ggf. weitere Praktika	
4 Welche Anwesenheits- und Zeitregelungen muss ich beachten?	
• Anzahl der Unterrichtstage • Anzahl der Unterrichtsstunden	
5 Wie viele Unterrichtsversuche werden erwartet?	
6 Brauche ich ein Gesundheitszeugnis für das Praktikum?	
7 Wie wird die Durchführung des Praktikums bewertet?	
• Teilnahmebescheinigung • Erfolgsbescheinigung • Bewertung durch Zensur	
8 Ist eine schriftliche Ausarbeitung vorgesehen?	
9 • Mustergliederung vorhanden? • Anzahl der Ausfertigungen? • Empfänger des Berichts?	

2.6 Checkliste 2: Selbsterkundung

Fragen	Antworten
1 Warum will ich Lehrerin oder Lehrer werden?	
2 Welche positiven Aspekte erwarte ich von meinem Schulpraktikum?	
3 Welche negativen Momente befürchte ich?	
4 Welche Gründe könnten die Mentorin/der Mentor/die Kinder haben, mich als Praktikantin/Praktikanten anzunehmen oder abzulehnen?	
5 Welche konkreten Ziele verfolge ich selbst in meinem Praktikum?	
6 Reicht meine soziale Kompetenz nach eigenem Urteil und nach dem Urteil anderer aus? Wie kann ich sie ggf. steigern?	

Anmerkungen

1   Schmitt, Rudolf: Ausbildung für die Grundschule. Studium – Vorbereitungsdienst – Fort- und Weiterbildung. Frankfurt: Arbeitskreis Grundschule 1994, 17.

2   Vgl. zu den folgenden Zitaten: Verordnung über die Ersten Staatsprüfungen für Lehrämter im Land Niedersachsen (PVO-Lehr I).

3   Durchführungsbestimmungen zur Prüfungsverordnung.

4   Erlass »Schulpraktika als Zulassungsvoraussetzung zu Ersten Staatsprüfungen für Lehrämter an allgemeinbildenden Schulen«. Erlass des MK [Nds.] vom 30.04.1996.

5   Merkblatt des Zentrums für pädagogische Berufspraxis der Universität Oldenburg o. J.

6   Fooken, Insa: Eindrücke aus einer Entwicklungspsychologie der Lebensspanne. In: Kindheit und Schule. Kinderleben im Blick von Grundschulpädagogik und Kindheitsforschung. Hrg. Imbke Behnken/Olga Jaumann. München: Juventa 1995, 199-205.

7   Spranger, Eduard: Der geborene Erzieher. Heidelberg 1958.

8   Vgl. das Pro-Contra-Gespräch »Gibt es den geborenen Erzieher?« zwischen Dieter Neumann (pro) und Hanna Kiper (contra). In: Grundschule 33, (2001), 7-8, 72-74.

3 Was muss ich über Schule wissen?

3.1 Etwas Geschichte

Braucht man wirklich Geschichte der Pädagogik, wenn man ins Schulpraktikum geht? Natürlich nicht, aber... es ist oft hilfreich, wenn man sieht, wie sich manche Fragen einfach erledigten und andere die Pädagogen dauerhaft beschäftigen.

- Wer regt sich *heute* noch auf, wenn Kinder mit sechs oder sieben Jahren Lesen und Schreiben lernen? (Friedrich Gedike, 1754-1803, Zeitgenosse Rousseaus, tat es.)
- Wer hält *heute* noch Vorschulen des Gymnasiums für erforderlich? (Bis 1920 war das selbstverständlich.)
- Welchen Stellenwert hat *heute* die Heimatkunde? (Um 1960 war sie das Leitfach in der Grundschule.)
- Wer redet *heute* noch von Differenzierung? (Alle.)

Ein Blick zurück ermöglicht es, Trends und Modeerscheinungen in der Schule (programmierter Unterricht, Mengenlehre, Ganzheitsmethode etc.) zu erkennen und von überdauernden Grundfragen zu unterscheiden. Anders formuliert: Der Blick in die Geschichte der Pädagogik gibt uns zwar keine Antworten auf aktuelle Fragen, aber kann uns helfen, die richtigen Fragen zu stellen.[1]

3.1.1 Zur Entstehung von Schule

Bei den Griechen und Römern gab es bereits ein relativ ausgebautes und geordnetes Schulwesen. Nach dem Zerfall des Römischen Reiches gingen aber auch das Schulwesen und das Bildungsbewusstsein unter. Lediglich die Kirche bewahrte ein Interesse an deren Erhalt. Der Klerus musste Lesen und Schreiben, vor allem Latein beherrschen, um die ›Heilige Schrift‹ lesen, auslegen und verbreiten zu können. Eine Schule besuchte also, wer Priester werden wollte. Nur wenige andere Menschen lernten Lesen und Schreiben.

Erst Karl der Große (742-814) strebte wieder eine Belebung des Bildungswesens an. Bei ihm sind auch erste Ansätze zur *Volksbildung* zu finden. Im Jahre 804 verpflichtete er alle, »das Glaubensbekenntnis, das Gebet des Herrn und die Taufformel zu lernen. Wer sie aber nicht behält, der soll Schläge erhalten und sich jeglichen Trunkes, Wasser ausgenommen, enthalten, bis er sie völlig beherrscht.«[2] Nach und nach, über Jahrhunderte hinweg vermehrten sich die Pfarr-, Kloster- und Domschulen, auf deren Basis sich allmählich auch ein weltliches Unterrichtswesen etablierte.

Mit der Erfindung der Buchdruckerkunst mit beweglichen Lettern durch Johannes Gutenberg (um 1397- 1468), der Übersetzung des Neuen Testamentes in die deutsche Sprache (gedruckt 1522[3]) durch Martin Luther (1483-1546), der Ausbreitung der Reformation und einem allmählichen Erstarken des Bürgertums erwachte ein breites Interesse an Bildung. In der Zeit des aufgeklärten Absolutismus traten wirtschaftliche Interessen hinzu. Es entstand die allgemeine Schulpflicht, und zwar erstmals in Weimar (1619), in Gotha (1640), in Preußen (1717 und 1763 im ›Preußischen Landschulreglement‹). Diese Jahreszahlen sagen allerdings nichts über den tatsächlichen Schulbesuch aus. Es dauerte noch Jahrhunderte, bis die Schulpflicht flächendeckend umgesetzt wurde.

3.1.2   Motive zur Entstehung der Volksschule

Das Schulwesen entwickelte sich in Deutschland in einer Doppelstruktur: zum einen die ›Volksschule‹ für das niedere Volk, zum anderen die ›Höhere Schule‹ für die höheren Schichten. Vom 17. Jahrhundert an etablierte sich aber auch die Idee einer allgemeinen ›Volksschule‹ als einer Schule für das *gesamte* Volk. Diese Idee von ›Volksschule‹ konnte erst im 20. Jahrhundert in der Weimarer Republik mit der Einführung der Grundschule – also nur für eine begrenzte Zahl von Schuljahren – in die Realität umgesetzt werden.

Für die Entstehung von Volksschulen (i. S. von Schulen für das ›gesamte Volk‹) lassen sich unterschiedliche Motive aufzeigen[4]:

- *Das religiöse Motiv*

Im Zeitalter des Barock begründet Johann Amos Comenius (1592-1670) seine Forderung nach der Bildung für alle mit einem religiösen Motiv. Von diesem Gedanken ausgehend entwickelt er ein umfassendes Bildungssystem. Hier interessiert vor allem die ›Muttersprachschule‹. Diese Schulstufe umfasst das 6. bis 12. Lebensjahr der Kinder und war als Schule für das ganze Volk in der Sprache des Volkes, also in der Muttersprache, konzipiert. Es ist der Entwurf einer ersten Volksschule im umfassenden Sinne.[5]

- *Das politische Motiv*

Die Forderung nach Freiheit, Gleichheit und Brüderlichkeit wurde im Umfeld der Französischen Revolution laut. Durch gleiche Bildung sollte nicht nur das Recht des Einzelnen, sondern auch das Wohl der Gesamtheit der Bevölkerung gewahrt werden (Ausschöpfung der Begabungsreserven). Pläne zu einer auf diese Weise politisch motivierten Volksschule für alle Kinder gab es in Frankreich um 1792. Sie sind eng verbunden mit dem Namen Antoine Condorcet (1743-1794).

- *Das nationale Motiv*

Verbunden mit der Niederlage gegen Napoleon entwickelte sich in Deutschland am Beginn des 19. Jahrhunderts ein nationales Motiv. Mit Hilfe einer allgemeinen Volksschule sollte trotz der Zerschlagung in eine Vielzahl von Kleinstaaten ein allgemeines deutsches Nationalbewusstsein aufrechterhalten werden. Verknüpft ist das nationale Motiv vor allem mit den Namen von Süvern (1775-1829), Fichte (1762- 1814) und Schleiermacher (1768 - 1834).

- *Das soziale Motiv*

Am Ende des 19. Jahrhunderts formierte sich mit dem allmählichen Erstarken der Sozialdemokratie und der Ausbreitung von Lehrervereinen (den Vorläufern der Gewerkschaften) erneut der Gedanke einer gemeinsamen Schule. Sie forderten eine Einheitsschule für alle 6-14-jährigen Kinder.

Am Beginn des 20. Jahrhunderts gab es also bereits eine rund 300-jährige Tradition der Forderung nach einer allgemeinen Volksschule. Aber erst nach dem Ersten Weltkrieg ergab sich die Chance, in Deutschland die gemeinsame Schule für alle Kinder wenigstens im Bereich der Grundschule zu realisieren. Sie sollte von drei Prinzipien getragen werden:

- Staatlichkeit (staatlich getragen und beaufsichtigt),

- Gleichheit (gleiche Bildungsmöglichkeiten für alle),

- Unentgeltlichkeit (kostenloser Schulbesuch).

Die wechselnden Machtkonstellationen in der Weimarer Republik führten jedoch zu Kompromissen: Statt der Einheitlichkeit kam es zu einer konfessionellen Spaltung der Schule und zur Übertragung der Richtlinienkompetenz auf die Länder (getrennte Lehrerausbildung, unterschiedliche Richtlinien). Eine weitere Beschränkung der Gemeinsamkeit ergab sich durch die Begrenzung auf vier Jahre – die für einen Teil der Schülerschaft gleichzeitig der Vorbereitung auf das Gymnasium dienen soll. (Tendenz: von der Einheitsschule zur Einheizschule.) Nach dem Zweiten Weltkrieg hat die Grundschule organisatorisch und inhaltlich an die Vorgaben der Weimarer Schulgesetze angeknüpft. Sie hat damit auch einen Teil der ›Erblasten‹ aus jener Zeit übernommen.

3.2 Theorie der Schule

Welche Funktionen hat die Schule? Welche Aufgaben haben Lehrerinnen und Lehrer? Die Antworten werden maßgeblich von den Perspektiven beeinflusst, unter denen man Schule und Unterricht betrachtet. Im sozialwissenschaftlichen Kontext hat Erziehung zwei Quellen: [6]

- die Unfertigkeit, Instinktlosigkeit, Plastizität und Erziehungsbedürftigkeit des Menschen,

- den Willen der Gesellschaft zur Reproduktion und Aufrechterhaltung des sozialen Lebens.

Die Bewältigung dieser Aufgaben wird in den meisten Gesellschaften auf die Familie einerseits und auf Bildungsinstitutionen andererseits übertragen. Es ist erkennbar, dass in den frühen Lebensphasen die Zuständigkeit schwerpunktmäßig in der Familie liegt. In den späteren Lebensphasen übernehmen die Bildungsinstitutionen (vereinfacht: die Schule) mit progressiver Tendenz Anteile an Zuständigkeit und Verantwortung. Zentraler Begriff der sozialwissenschaftlichen Perspektive ist die ›Sozialisation‹. Schule wird als ›Sozialisationsinstanz‹ begriffen, deren Ziel in der Reproduktion, d. h. in der »Wiederherstellung eines gesellschaftlich erwünschten Zustandes bei biologischem Austausch der Träger gesellschaftlichen Handelns«[7] liegt.

> »Mit Sozialisation wird [...] jener Prozeß bezeichnet, durch den gleichzeitig die Persönlichkeit von Heranwachsenden konstituiert und gesellschaftliche Verhältnisse reproduziert werden.«[8]

Fend verweist explizit auf drei Reproduktionsfunktionen (Qualifikation, Selektion, Legitimation). Klafki, der sich weitgehend auf Fend bezieht, fügt als weitere Funktion die ›Kulturüberlieferung‹ hinzu.[9] Es kann offen bleiben, ob die ›Kulturüberlieferung‹ bei Fend in der ›Qualifizierungsfunktion‹ bereits mitgedacht war. Ihre gesonderte Herausstellung erscheint in jedem Falle sinnvoll, weil sie die individuelle Bedeutung gegenüber der gesellschaftlichen Bedeutung akzentuiert. Zusammenfassend werden der Schule in diesem theoretischen Ansatz also folgende vier Funktionen übertragen:

1 Qualifikation
Hier geht es um die »Reproduktion kultureller Systeme«. Schule muss sicherstellen, dass die nächste Generation über die für das Funktionieren der Gesellschaft erforderlichen Kenntnisse, Fähigkeiten und Fertigkeiten verfügt.

2 Selektion
Diese Funktion bezieht sich auf die Reproduktion der Sozialstruktur. Schule trägt mit ihrem System hierarchischer Abschlüsse zur Positionsverteilung in der Gesellschaft bei.

3 Legitimation
Schule trägt zur Reproduktion der herrschenden Wert- und Normvorstellungen bei. Sie hilft, diese zu internalisieren und trägt damit zu deren Legitimation, aber auch zur Integration des Einzelnen in die Gesellschaft bei.

4 Kuturaneignung
Damit sind gemeint: besondere »Aktivitäten und ihre Vergegenständlichungen [...] von Freizeitbeschäftigung über Kunst und Teile der Wissenschaft bis zu weltanschaulichen und religiösen Sinndeutungen der menschlichen Existenz.«[10] Auch dies ist eine ›Reproduktionsleistung‹ der Schule.

Fend unterscheidet zwischen ›veranstalteten‹ und ›nicht veranstalteten‹ Lernprozessen. Schulische Lernprozesse gehören zu den ›veranstalteten‹ Prozessen. Letztere zeichnen sich aus durch

- »Systematisierung der Lernbedingungen,
- Formulierung von Lernzielen,
- Erhebung von Lernvoraussetzungen,
- Kontrolle des Lernerfolgs«.[11]

Wenngleich die Differenzen zwischen ›veranstalteten‹ und ›nicht veranstalteten‹ Lernprozessen heute nicht mehr so klar akzentuiert sind, wie dies in den Achtzigerjahren der Fall gewesen sein mag, erhalten wir mit den von Fend genannten vier Merkmalen von ›veranstalteten‹ Lernprozessen eine gute Basis für die Unterscheidung zwischen Unterricht und anderen Bildungsprozessen.

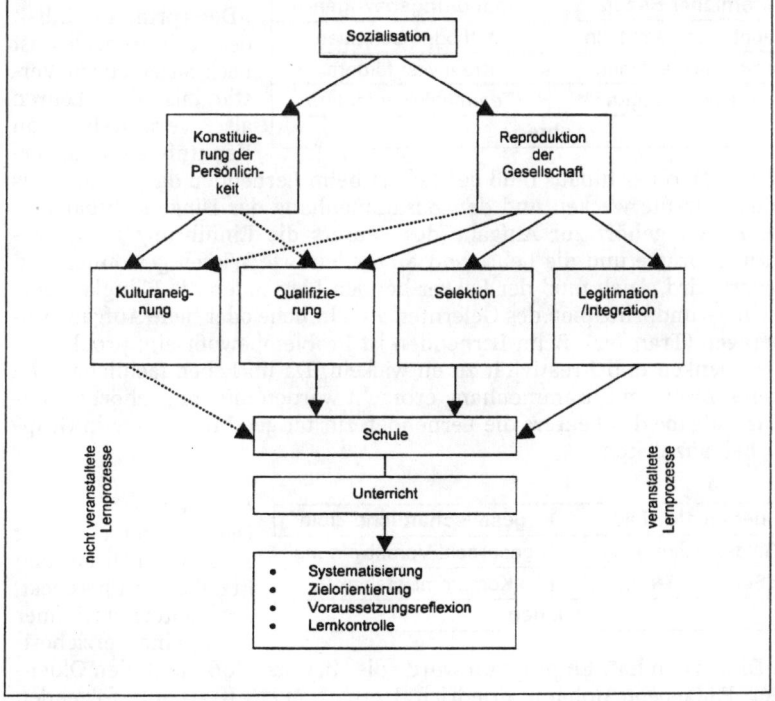

Strukturschema 1: Funktionen der Schule

3.3   Aufgaben von Lehrerinnen und Lehrern

Auf die Frage »Was tun Lehrerinnen und Lehrer?« dürfte die Antwort »Unterrichten«, wohl die häufigste sein. Das ist richtig, wenn man ›Unterrichten‹ als Oberbegriff für alle Lehrertätigkeiten nimmt – falsch, wenn ›Unterrichten‹ nur für ›Lehren‹ steht.

Der Deutsche Bildungsrat hat am Beginn der Siebzigerjahre die Aufgaben von Lehrerinnen und Lehrern mit einem relativ groben Raster beschrieben, das gleichwohl eine zutreffende Annäherung an das Berufsfeld erlaubt. Er unterscheidet *Lehren, Erziehen, Beurteilen, Beraten* und *Innovieren*.[12] Andere Autorinnen/Autoren haben die hier genannten Felder entfaltet und um weitere Formen des professionellen Handelns ergänzt.[13] Allerdings fehlt in den meisten Aufzählungen – wie beim Bildungsrat auch – ein Punkt, den ich mit *Administrieren* bezeichnen möchte. Auf diese Weise ergibt sich eine Aufgliederung des Oberbegriffes ›Unterrichten‹ in sechs Bereiche:

stofflicher Bezug	handlungsbezogen
Kenntnisse vermitteln	Methoden aufbauen
Verständnis aufbauen	Kreativität fördern
Transfer anregen	Teamfähigkeit fördern
Lehren	

Lehren
»Der primäre Inhalt des Lehrerberufes ist nach allgemeinem Verständnis das Lehren als Vermitteln von Kenntnissen und Fertigkeiten. Darüber hinaus muß der Lehrer beim Lernenden das Verständnis für das Gelernte wecken und den Zusammenhang der Dinge sichtbar machen. Ferner gehört zur Aufgabe des Lehrers die Einführung in die Erkenntnisprozesse und die Lehre von Methoden, wie Wissen gewonnen und gesichert wird. Auch muß der Lehrer bei den Lernenden die Fähigkeit entwickeln, Grundprinzipien des Gelernten auf ähnliche oder neue Aufgaben zu übertragen (Transfer). Beim Lernenden ist Problembewußtsein, problemlösendes Denken und Kreativität zu entwickeln. Da im Leben fachliche Leistungen sehr oft im Zusammenhang erbracht werden müssen, gehört es weiter zur Aufgabe des Lehrers die Lernenden zur tätigen Mitwirkung in Gruppenarbeit anzuleiten.«[14]

personale Ziele	gesellschaftliche Ziele
Selbstbestimmung	gesellsch. Verantwortung
Selbststeuerung	Kompromissfähigkeit
Erziehen	

Erziehen
Die Unterscheidung zwischen Lehren und Erziehen überdeckt, dass Unterricht immer auch eine erzieherische Dimension hat. Einprägsam wurde dies bereits 1806 durch den Oldenburger Pädagogen Johann Friedrich Herbart (1776-1841) mit folgenden Worten formuliert:

> »Und ich gestehe gleich hier, keinen Begriff zu haben von Erziehung *ohne Unterricht*; so wie ich rückwärts [...] keinen Unterricht anerkenne, der nicht erzieht.«[15]

Gegenwärtig vollzieht sich eine Wiederbelebung der Erziehungsaufgabe. Der Aufbau sozialer Kompetenzen fällt zunehmend der Schule zu. Dies wird im Laufe Ihrer Berufstätigkeit zu einer deutlichen Verschiebung des Aufgabenspektrums von Schule führen:»Gegenüber der unterrichtsorientierten Arbeit treten erzieherische Probleme und Ziele in den Vordergrund.«[16] Schließlich sei darauf hingewiesen, dass sich der Erziehungsbegriff nicht nur im Zusammenhang mit traditionellen Inhalten findet: Begriffe wie Umwelterziehung, Friedenserziehung, Medienerziehung usw. zeugen davon.

Beurteilen
Mehr als vielen Lehrerinnen und Lehrern bewusst - und häufig auch mehr als ihnen recht ist - ist Unterricht mit den Faktoren Messen und Beurteilen verknüpft. Dabei ist nicht nur an manifeste Rituale wie Klassenarbeiten, Zeugnisnoten, Versetzung, Nichtversetzung oder Sonderschulüberweisung zu denken, sondern auch an die wichtigen und wirksamen Kleinformen des Bewertens im Unterricht.

Ziele	Probleme
Ergebnisorientierung	gesellsch. Wert/Unwert
Lernfortschrittsorientierung	Verengung der Leistung
Beurteilen	

Grundsätzlich können sich Leistungsmessung und –beurteilung auf das erreichte Ergebnis (Ergebnisorientierung) oder auf Lernmöglichkeiten, Lernhemmungen und deren Behebung (Prozessorientierung) beziehen. Die Problematik der Ergebnisorientierung liegt darin, dass sie als ›Zensur‹ aus dem pädagogischen Kontext herausgelöst werden kann und »einen gesellschaftlichen Wert- oder Unwertfaktor«[17] darstellt. Zudem enthält die Fokussierung des Leistungsbegriffes auf das ›Lehrplanrelevante‹ eine unangemessene Verengung.

Beraten
»Seine Erziehungsaufgabe nimmt der Lehrer auch im Zusammenhang mit Beratung und besonderer Information des Lernenden wahr.

Inhalt	Perspektive
Informationen geben	situative Beratung
Orientierungshilfen geben	Schullaufbahnberatung
Alternativen aufzeigen	Berufsberatung
Beraten	

Wegen der Vielfalt unterschiedlicher Informationen, denen der Lernende ausgesetzt ist (z.B. durch Massenmedien), braucht er Orientierungs-, Beurteilungs- und Beratungshilfen.«[18] Im Schulalltag wird es vor allem um situative Beratung im Rahmen der Lernsteuerung gehen. Daneben stellt sich die Aufgabe der Schullaufbahnberatung und – im Bereich der Sekundarstufe - die Aufgabe der Berufsberatung.

Kleinformen	Großformen
methodische Alternativen	Schulentwicklungsplanung
inhaltliche Alternativen	berufspolit. Engagement
organisatorische Alternativ.	Berufsethik[19]
Innovieren	

Innovieren
»Der Lehrer hat Teil an der Entwicklung neuer Bildungsinhalte und an der Bestimmung von Bildungszielen. Mit dieser Aufgabenstellung wird er zum ersten und wichtigsten Träger forschreitender Schul- und Bildungsreform.«[20] Auch wenn sich dies nach ›Pfeifen im Walde‹ anhört, ist nicht zu übersehen, dass Lehrerinnen und Lehrer in erheblichem Maße an Innovationen und Reformen beteiligt sind. Ihre Handlungsspielräume sollten nicht unterschätzt werden: Wenn heute Themen wie »Dritte Welt« oder »Umweltschutz«, wenn Organisationsformen wie »offener Unterricht« oder Systemveränderungen wie »Integration behinderter Kinder« eine Rolle spielen, dann mit Sicherheit nicht, weil dies ›von oben herab‹ verordnet wurde, sondern weil Schulen gesellschaftlich relevante Themen aufgegriffen und deren Umsetzung im Rahmen ihrer Handlungsspielräume – oft gegen die Widerstände der Kultusbehörden – ausgelotet haben. Insgesamt stellen diese »autonomen Gestaltungs- und Handlungsvollzüge [...] wesentliche Momente der Selbst- und Fremdidentifikation« im Lehrerberuf dar.[21]

situationsorientiert	systemorientiert
helfen	Gutachten schreiben
organisieren	Aufsicht führen
versorgen	Erlasse einhalten
Administrieren	

Administrieren
Ein wichtiger Bereich, auf den Sie in Ihrem Praktikum mit Sicherheit stoßen werden, wird häufig übersehen. Es sind die situationsorientierten und administrativen Tätigkeiten:

- Kindern helfen, ein krankes Kind kurzfristig versorgen, ein verunfalltes Kind zum Arzt oder zur Klinik begleiten, Busfahrten organisieren etc.,
- Listen führen, Unfallmeldungen schreiben, Gutachten, z. B. für die Überweisung zur Sonderschule abfassen,
- Verwaltungsvorschriften und Erlasse einhalten, z. B. über die Aufsicht beim Schwimmunterricht, über die Haltung von Kleintieren im Klassenraum, über die Meldung von ansteckenden Krankheiten u. v. a. m.

Auch dies bestimmt das Bewusstsein von Lehrerinnen und Lehrern und bindet erhebliche Arbeitskraft. Tätigkeiten der genannten Art (unzureichend durch *Administrieren* gekennzeichnet) sind in institutionalisierten Lehr-/Lernprozessen prinzipiell enthalten. Wir haben uns angewöhnt, ausschließlich die pädagogische Perspektive des Berufsfeldes zu betrachten. Wie unzureichend diese Sichtweise ist, zeigt sich darin, dass Lehrerinnen und Lehrer wohl nur selten disziplinarisch belangt werden, wenn sie ihre Lehr- oder Erziehungsaufgaben nur ungenügend wahrnehmen. Dagegen drohen ihnen unweigerlich Disziplinarmaßnahmen (bis hin zur Entfernung aus dem Dienst), wenn sie ihre Administrationsaufgaben - und dazu zähle ich die Aufsichtspflicht – vernachlässigen.

3.4 Resümee

1 Schule und Unterricht sind historisch gewachsen und haben sich erst allmählich aus dem kirchlichen Umfeld gelöst. Am Anfang der Volksbildung stand die religiöse Volksbildung. Über mehrere Jahrhunderte hinweg haben religiöse, politische, nationale und soziale Motive die Idee einer allgemeinen Volksschule als Schule für das ganze Volk (ohne Standesunterschiede) befördert. Erst mit der Einführung der Grundschule als Schule für alle Kinder durch die Weimarer Schulgesetzgebung konnte diese Idee in Ansätzen realisiert werden.

2 In einer pluralistischen Gesellschaft übernimmt die Schule wichtige gesellschaftliche Funktionen. Sie trägt zum Erhalt, zur Ausgestaltung aber auch zur Weiterentwicklung der Gesellschaft bei. Dabei stützt sich die Gesellschaft auf folgende Funktionen: Qualifizierungsfunktion, Selektionsfunktion, Legalisierungsfunktion und Kulturaneignung.

3 Das Aufgabenspektrum professionellen Handelns im Berufsfeld von Lehrerinnen und Lehrern lässt sich in verschiedene Hauptkategorien aufteilen. Dabei wird erkennbar, dass der Begriff ›Unterrichten‹ zumindest die Kategorien ›Lehren‹ und ›Erziehen‹ und ›Administrieren‹ enthält. Als weitere Aufgabenkategorien treten hinzu: Beurteilen, Beraten, Innovieren. Veränderungen im gesellschaftlichen Umfeld führen zu Veränderungen oder Neugewichtungen der Aufgaben von Lehrerinnen und Lehrern. Gegenwärtig zeichnet sich eine Tendenz zur stärkeren Orientierung des Berufsfeldes an der Erziehungsaufgabe ab.

Anmerkungen

1 Diese Formulierung geht in ihrem inhaltlichen Kern meiner Meinung nach auf Hartmut von Hentig zurück. Eine Belegstelle kenne ich nicht.

2 Null-Promillegrenze für Bildungssünder!
Heilmann, Karl: Quellenbuch der Pädagogik. Quellvorschriften und Quellstücke für die Vor- und Fortbildung des Lehrers. 4. Aufl. Berlin: Union Deutsche Verlagsgesellschaft o. J. [1909], 2.

3 Nicht zu verwechseln mit der berühmten Gutenberg-Bibel, die um 1445/1446, also rund 80 Jahre vorher gedruckt wurde: Die war natürlich noch lateinisch.

4 Vgl. hierzu: Schwartz, Erwin: Auftrag und Ziele der Grundschule. In: Unterricht in der Grundschule. Hrg. Wilhelm Topsch. Bochum: Kamp 1982, 3-31.

5 Comenius, Johann Amos: Große Didaktik. Übersetzt und herausgegeben von Andreas Flitner. Stuttgart: Klett-Cotta 1992. Vgl. insbesondere Kap. 8 und 9.

6 Vgl. zum Folgenden: Fend, Helmut: Theorie der Schule. 2. durchges. Aufl. München, Wien, Baltimore: Urban & Schwarzenberg 1981. [Seitenverweise in Klammern]

7 ebd. 3.

8 ebd. 6 [i. Orig. hervorgehoben].
Der Begriff Reproduktion wird wie folgt beschrieben: »Reproduktion heißt jedoch faktisch nicht [...] daß eine bloße Wiederholung der Gedanken der Väter bei den Söhnen erfolgt. Dies ist in traditionellen Gesellschaften die Regel, während für moderne Gesellschaften das Moment der dabei stattfindenden Veränderung konstitutiv ist, auch wenn faktisch – gemessen am Gesamtbestand der Kultur – wohl meist mehr erhalten als verändert wird« (7).

9 Damit meint er Bereiche des Lernens, die sich einer unmittelbaren Verwertung entziehen, dennoch aber »zu den charakteristischen Merkmalen der Schule gehören«, z. B. die »spielerischen Elemente des Sportunterrichts, der Musikunterricht« sowie Teile des Kunstunterrichts, des Literaturunterrichts, des Religionsunterrichts usw.
Vgl. Klafki, Wolfgang: Gesellschaftliche Funktionen und pädagogischer Auftrag der Schule in einer demokratischen Gesellschaft. In: Subjektivität Vernunft Demokratie. Analysen und Alternativen zur konservativen Schulpolitik. Hrsg. Karl-Heinz Braun/Klaus Müller/Reinhard Odey. Weinheim und Basel: Beltz 1989, 24.

10 Klafki, Wolfgang: Gesellschaftliche Funktionen 24 f.

11 Fend, Helmut: Theorie der Schule. 2. durchges. Aufl. München, Wien, Baltimore: Urban & Schwarzenberg 1981, 65.

12 Deutscher Bildungsrat: Strukturplan für das Bildungswesen. 1970, 217-220.

13 Vgl. Kiper, Hanna: Einführung in die Schulpädagogik. Weinheim und Basel: Beltz 2001, 12-35. Kiper nennt 16 Grundformen professionellen Handelns von Lehrerinnen und Lehrern.

14 Strukturplan S. 217.

15 Herbart, Johann Friedrich: Allgemeine Pädagogik aus dem Zweck der Erziehung abgeleitet [1806]. Hrg. von Hermann Hollstein. Bochum: Kamp o. J., 33.
[*Lernen Sie dieses Zitat ruhig auswendig! Sie werden sich im Praktikum und im Beruf sicherlich noch daran erinnert fühlen.*]

16 Bildungskommission NRW: Zukunft der Bildung – Schule der Zukunft. Denkschrift der Kommission »Zukunft der Bildung – Schule der Zukunft« beim Ministerpräsidenten des Landes Nordrhein-Westfalen. Neuwied, Kriftel, Berlin: Luchterhand 1995, 39.

17 Strukturplan 218/219.

18 Strukturplan ebd.

19 Eine differenzierte Entfaltung der Kategorie ›Innovieren‹ findet sich bei
Kiper, Hanna: Einführung in die Schulpädagogik. Weinheim und Basel: Beltz 2001, 24-35. Folgende der dort genannten Aspekte professionellen Handelns enthalten innovative Elemente: Gestaltung des Schullebens, Förderung der Partizipation von Schülerinnen und Schülern, Kooperation mit Eltern, Beteiligung an Schulentwicklung, Fortbildung, berufspolitisches Engagement, Beteiligung an der Berufsethik-Diskussion.

20 Strukturplan 220.

21 Hinz, Renate: Identitäts-Bildung zwischen Utopie und Wirklichkeit. Versuch einer erfahrungswissenschaftlich orientierten Antwort für die Lehrtätigkeit an Grundschulen. Frankfurt u.a.: Peter Lang 2000, 284.

4 Beobachten im Praktikum – wie geht das?

Das Schulpraktikum gibt den Studierenden die Möglichkeit, sich mit ihrem künftigen Berufsfeld auseinander zu setzen. Ziel des Praktikums ist es, die Komplexität pädagogischen Handelns zu erschließen. Die Begegnung mit einer bestimmten Schule, einer bestimmten Klasse und einer bestimmten Lehrperson erlaubt die Auseinandersetzung mit einer speziellen Situation, soll aber zugleich Einblicke in das Allgemeine des pädagogischen Berufsalltags vermitteln. Dafür müssen die Studierenden in der Lage sein, spezielle Strukturen und Probleme ›Ihrer‹ Klasse zu erfassen, um darin das Allgemeine zu erkennen. Grundlage hierfür bilden die Hospitation und die tägliche spontane und gezielte Beobachtung im Praktikum.

„Vor dem Praktikum habe ich mich gefragt:

Was soll mir das eigentlich bringen, wenn ich da hinten in einer Klasse sitze und zugucke, aber dann habe ich doch eine Menge dabei gelernt... "

Wahrnehmung und Beobachtung:
Wahrnehmungen begleiten uns im wachen Zustand fortlaufend. Beobachtung schränkt diese Wahrnehmung bewusst ein: Nauck hat das Beobachten mit dem Strahl einer Taschenlampe verglichen, wobei Breite oder Fokussierung des Lichtkegels auf das Interessengebiet verweisen, die Richtung des Lichtstrahls auf die zugrunde liegenden Erwartungen und Annahmen, also auf ihre implizite oder explizite Theorie.[1]

Beobachten ist eine Grundkategorie wissenschaftlichen Handelns. Dies sollte auch Ihre Beobachtungen im Schulpraktikum bestimmen:

> »Wer forschend Regeln, Zusammenhänge, Gesetze, Wahrheiten entdecken will [...] muß beobachten. Alles wissenschaftliche Forschen kann man als eine gesteigerte und gesicherte Form des Beobachtens auffassen.«[2]

Darüber hinaus ist ›Beobachten‹ ein konstitutives Moment in pädagogischen Prozessen. Ohne Beobachtung gäbe es keine begründbaren Bewertungsprozesse, ohne begründete Bewertung gäbe es keine Rechtfertigung für die (mitunter durchaus einschneidenden) Maßnahmen der Lern- und Verhaltenssteuerung in der Schule. In Ihrer zukünftigen Situation als Lehrerinnen oder Lehrer sind Sie also in besonderer Weise auf Beobachten als Handwerkszeug angewiesen.

4.1 Beobachtung als wissenschaftliche Methode

4.1.1 Exkurs zu Forschungsmethoden:

Für wissenschaftliches Arbeiten im empirisch-sozialwissenschaftlichen Kontext ist die ›Datenerhebung‹ von zentraler Bedeutung. Dafür wurde ein weites Spektrum von Methoden entwickelt, zu denen auch die Beobachtung zählt. Zwei große Erhebungsrichtungen lassen sich unterscheiden:

- *Nicht reaktive Verfahren* analysieren vorfindbare Gegebenheiten, z. B. Tagebücher, Graffiti, Abnutzungsspuren, Ausleihhäufigkeiten etc. Dabei werden ›Spuren‹ untersucht und ausgewertet. Der Begriff ›Spuren‹ ist hier in einem weiten Sinne zu verstehen. Dazu würden auch das Nachmessen von Wegstrecken, Wiegen von Schultaschen etc. gehören.

- *Reaktive Verfahren* geben dagegen einen ›Reiz‹ vor und beobachten, wie das Gegenüber darauf reagiert: Fragebogenaktionen, Tests oder Interviews sind typische Vertreter dieser Verfahren. Nicht reaktive und reaktive Verfahren sind gleichermaßen auf Beobachtung angewiesen.

Beispiel:
Wer etwas über die Schulwege von Grundschulkindern herausfinden will, kann vorfindbare Gegebenheiten untersuchen (Strecken auf dem Stadtplan mit dem Stechzirkel ›nachschreiten‹) oder er kann auswerten, wie die Kinder auf folgende Fragen ›reagieren‹: »Wie viel Zeit brauchst Du für Deinen Schulweg?«, »Wie viele Kreuzungen musst Du überqueren?«, »Gehst Du allein oder mit anderen Kindern?« etc. Beide Methoden leisten Unterschiedliches: Das Nachmessen der Schulwege bringt exakte Entfernungen, sagt aber nichts darüber aus, ob das Kind allein oder mit anderen zusammen zur Schule geht. Hierfür braucht man eine direkte ›Reaktion‹.

4.1.2 Formen der Beobachtung

Unterschiedliche Beobachter kommen oft zu gänzlich unterschiedlichen Ergebnissen. Um ›gültige‹ Aussagen zu erhalten, müssen die subjektiven Momente der Beobachtung reduziert werden. Für wissenschaftliche Beobachtung ist daher vorab zu klären:

- Wer beobachtet (Fremdbeobachtung - Selbstbeobachtung) ,

- unter welchen Bedingungen (teilnehmend – nicht teilnehmend),

- wie lange, in welchen Zeitstrukturen (fortlaufend – in Zeitintervallen),

- um welche Objekte (Personen – Aktionen – Konstellationen) geht es?

- Welche Protokollform (formlos– teilformalisiert – formalisiert) soll verwendet werden?

Spontane Beobachtung und wissenschaftliche Beobachtung unterscheiden sich voneinander durch die Merkmale der *Zielgerichtetheit* (es liegt eine Fragestellung zugrunde), *Planmäßigkeit, methodische Reflexion* und durch die *Deskription* der Beobachtung. Auf diese Weise entstehen *Strukturierung und Kontrollierbarkeit*. Durch die Festlegungen wird aber zugleich auch die Aussagebreite eingeschränkt. Übrig bleibt oft nur noch ein sehr schmaler Ausschnitt der ursprünglichen Realität. Was uns hier begegnet, kann man als ein »Bandbreite-Genauigkeits-Dilemma (range-fidelity-dilemma)« bezeichnen.[3]

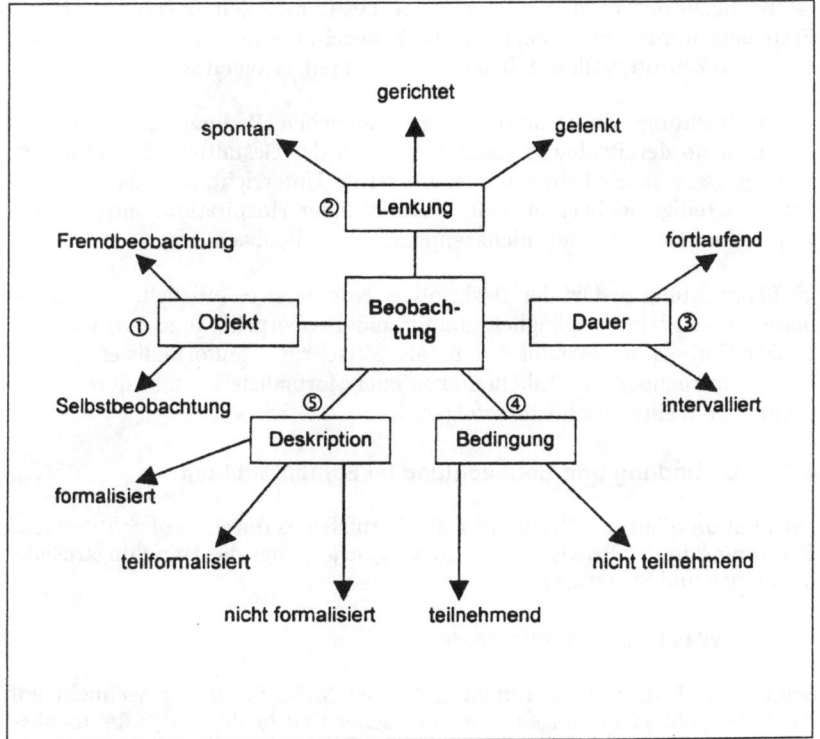

Strukturschema 2: Strukturierungsaspekte wissenschaftlicher Beobachtung

① Beobachtung kann als ›Selbstbeobachtung‹ oder als ›Fremdbeobachtung‹ erfolgen. Die Selbstbeobachtung fragt: »Wie reagiere ich selbst?« Die Fremdbeobachtung fragt: »Wie reagieren die anderen?«

② Beobachtung kann in einem unterschiedlichen Lenkungsgrad erfolgen: Sie kann den Unterricht insgesamt verfolgen und ›spontan‹ einzelne Auffälligkeiten beachten oder auf einen Punkt, beispielsweise auf die ›Kontakte zwischen Kindern und der Lehrerin‹ ausgerichtet (gelenkt) werden. Durch eine Aufgliederung der Kategorie in ›abhakbare‹ Verhaltensweisen ergibt sich eine engere Lenkung, z. B.

- »Der S spricht mit dem Lehrer.
- Der S bittet den Lehrer um etwas.
- Der S fragt den Lehrer um Rat.
- Der S beschwert sich beim Lehrer.
- Der S zeigt dem Lehrer etwas vor.«[4]

③ Beobachtung kann vorher auf eine bestimmte Zeit begrenzt werden. Festgelegt werden muss auch, ob die Beobachtung fortlaufend oder in bestimmten Zeitintervallen, z. B. alle zwei Minuten, erfolgen soll.

④ Beobachtung findet unter unterschiedlichen Bedingungen statt: Je nachdem ob der Beobachter selbst aktiv an der Gestaltung der Situation beteiligt ist, z. B. als Lehrerin oder Lehrer im Unterricht, oder das Geschehen unbeteiligt beobachtet, z. B. während einer Hospitation, spricht man von ›teilnehmender‹ und ›nicht teilnehmender‹ Beobachtung.

⑤ Beobachtung bedarf der Deskription. Nur so ist es möglich, die Ergebnisse für sich selbst zugänglich und für andere überprüfbar zu machen. Die Deskription kann ›formlos‹, z. B. als Mitschrift, ›teilformalisiert‹, z. B. durch Eintragungen in Tabellenform, oder ›formalisiert‹, z. B. durch Eintragungen in eine Strichliste, erfolgen.

4.2 Erkundung und Beobachtung im Schulpraktikum

Hospitation dient der Erkundung des Berufsfeldes durch *Beobachtung und Erprobung* in der Praxis sowie durch *Reflexion* über die Handlungszusammenhänge und Strukturen.

4.2.1 Was kann erkundet werden?

Schule und Unterricht beginnen nicht ›bei Null‹. Sie finden vielmehr auf der Folie politischer, sozialer, ökonomischer und ökologischer Rahmenbedingungen statt. Das Schulpraktikum verschafft Ihnen eine vergleichsweise günstige Ausgangslage, diese Rahmenbedingungen zu erkunden: Einerseits wird die Schule Ihnen als Praktikantin oder Praktikant ein gewisses Forscherinteresse zugestehen und Ihnen viele (nicht alle) Unterlagen zugänglich machen. Andererseits ist Ihre Anfangsbelastung im Praktikum überschaubar, so dass Sie Zeit und Aktivitäten in ein eigenes Erkundungsvorhaben einbringen können, das Ihnen – z. B. mit Fotos angereichert – bei der Abfassung Ihres Praktikumsberichtes hilfreich sein wird (vgl. 8.2).

Machen Sie sich während Ihres Praktikums frühzeitig auf die ›Spurensuche‹. Mögliche Erkundungsgesichtspunkte können sein:

- Schule und Einzugsgebiet (Größe, Organisation, Einschätzung des sozialen Umfeldes usw.)
- Geschichte der Schule (alte Fotos, alte Quellen, Aussagen ehemaliger Lehrerinnen und Lehrer usw.)
- unterrichtsergänzende Beratungs- und Fördermöglichkeiten der Schule (Befragung, Beobachtung, Interviews mit Veranstaltern usw.)
- außerschulische Lern- und Freizeitangebote (Befragung, Beobachtung, Interviews mit Veranstaltern usw.)
- Richtlinien-/Lehrpläne und Schulbücher, Arbeitshefte oder Arbeitsblätter (Analyse und Vergleich von Vorgaben und Umsetzungen in Arbeitsmaterialien)
- Schulwege von Kindern (Strecke, Wegezeit, Gefahrenpunkte usw. erfassen)
- Art und Anlage des Pausenhofes (Aktivitätsmöglichkeiten, Bepflanzung, Unfallgefahren, Aufsichtsprobleme, Angebote in ›Regenpausen‹ usw.)
- geschlechts- oder altersspezifische Pausenbeschäftigungen (Beobachtung, Befragung, Spielgeräteausleih usw.)
- Mediennutzung im Unterricht (vorhandene Medien und Geräte, Ausleihformen, Benutzungshäufigkeit usw.)
- Beliebtheit von Unterrichtsfächern bei den Kindern (Beobachtung, Befragung, Erklärungsansätze)
- Art, Anzahl und Umfang von Hausaufgaben im Laufe einer Woche (Beobachtung, Befragung, zeitliche Belastung usw.).

4.2.2 Was kann beobachtet werden?

Schränken Sie die Ziele der Beobachtung von vornherein ein: D.h., geben sie Ihren Beobachtungen eine Fragerichtung oder einen Theorierahmen. Sie entgehen dann eher der Gefahr, dass Ihre Aufmerksamkeit mehr oder weniger zufällig von Auffälligkeit zu Auffälligkeit pendelt – und sie nach kurzer Zeit ermüden oder dem Eindruck erliegen, alles schon gesehen zu haben. Grundsätzlich macht es Sinn, sich vorher zu entscheiden, ob man den Unterricht in seiner Gesamtheit (Strukturierung, Sozialformen etc.), die Aktionen des Lehrers (Mentorin/Mentor/Kommilitonen) oder die Aktionen der Kinder beobachten will.

- Unterrichtsprozesse als Ziel der Beobachtung

In der Hospitationsphase werden Sie anfangs versuchen, Unterricht als Ganzes zu erfassen. Das ist ein sinnvolles, zugleich aber relativ schwieriges Unterfangen, weil vieles gleichzeitig geschieht. Dennoch kann es Ihnen helfen, Problemzonen des Unterrichtsablaufes auszuloten. (Problematisch sind im Unterricht – wie im Leben – die Übergänge von einem Zustand in einen anderen.) Da es problemlos ist, zeitliche Strukturen zu erfassen, sollten Sie dies in jedem Falle tun. Wenn Sie von der/dem Unterrichtenden vorher über die groben Schritte des geplanten Unterrichts informiert worden sind, dann können Sie Ihre Mitschrift zusätzlich nach Unterrichtsphasen gliedern. In jedem Fall sollten Sie sich nebenbei Fragen für die Nachbesprechung notieren. Halten Sie sich dabei mit Wertungen oder Festlegungen möglichst zurück und seien Sie sich der Subjektivität Ihrer Wahrnehmungen bewusst. In der Situation als Praktikantin oder Praktikant kommt es vor allem darauf an, den Blick im pädagogischen Feld zu schulen und Prozesse zu reflektieren. Dissonanzerlebnisse und innere Widersprüche sollten Ihnen dabei als Motor für die Reflexion willkommen sein.

Die Unterrichtsbeobachtung kann sich aber auch auf Einzelaspekte beziehen. So ist es beispielsweise möglich, einzelne Unterrichtsphasen z. B. bei unterschiedlichen Lehrpersonen, in unterschiedlichen Fächern usw. oder die Gliederung komplexer Inhalte in kleinere Einheiten etc. gezielt zu beobachten.

• Lehrerhandlungen als Ziel der Beobachtung

Ihre Mentorin/Ihr Mentor oder Ihre Mitstudierenden sind Modelle, mit denen Sie sich bewusst auseinandersetzen sollten. Dabei geht es nicht darum, bestimmte Verhaltensweisen in eigenen Unterrichtsversuchen zu kopieren (obwohl es legitim ist, nach Modellen oder Rezepten Ausschau zu halten), sondern darum, Handlungsmuster zu isolieren, zu analysieren und zu reflektieren. Alle beobachtbaren Handlungsmuster und Handlungsabläufe kommen dafür infrage, z. B.:

o   Lernsteuerung im Unterricht (Fragen, Impulse usw.),

o   nonverbales Verhalten (Mimik, Gestik, Körperkontakt, Proxemik usw.),

o   Auswahl und Wechsel von Unterrichtsmethoden,

o   Auswahl und Wechsel von Sozialformen,

o   Gestaltung und Nutzung der Tafel, des OH-Projektors oder anderer Medien,

o   Kooperation mit bestimmten Kindern,

o   unterschiedliches Verhalten beim Aufrufen, Loben oder Tadeln von Mädchen und Jungen,

o   Verhalten in Konfliktsituationen usw.

Da Unterricht eine Inhaltsdimension, eine Vermittlungsdimension und ein Beziehungsdimension hat, kann sich Ihre Beobachtung der Lehrerhandlung auf stoffliche, methodische und/oder zwischenmenschliche Aspekte des Unterrichts ausrichten.

- Schülerhandlungen als Ziel der Beobachtung

Das Schulpraktikum dient der ausgiebigen Beschäftigung mit Kindern: Sie stellen Ihre künftige Klientel dar. Achten Sie aber darauf, dass Ihre Aufmerksamkeit sich nicht auf die ›auffälligen‹ Kinder beschränkt. Suchen Sie sich nach einer Phase der allgemeinen Orientierung vielmehr auch solche Kinder aus, die im Unterricht eher unproblematisch sind. Die Beobachtungen können sich auf unterschiedliche Bereiche des Schülerverhaltens konzentrieren, z. B. auf

- o Mitarbeit im Unterricht,
- ⊗ Kontaktverhalten zur Lehrperson
- ⊗ Kooperationsverhalten zu anderen Kindern,
- o Lern- und Arbeitsverhalten,
- ⊗ nicht zielorientierte Aktivitäten während des Unterrichts usw.

„Noah fiel in der Klasse von Anfang an auf, weil er so ruhig war...“

„Eigentlich fand ich es schon erstaunlich, mit wie viel Motivation die Kinder bei mir mitgearbeitet haben...“

„Während meines gesamten Praktikums hatte ich eigentlich nur vor einem Kind Angst...“

Dabei können sowohl eine horizontale Ausdehnung als auch eine vertikale Vertiefung der Beobachtungsrichtung sinnvoll sein. Wenn Sie das gleiche Merkmal bei unterschiedlichen Kindern beobachten (horizontale Ausdehnung), dann erhalten Sie einen besseren Überblick über Kinder dieser Altersstufe ›im Allgemeinen‹. Wenn Sie dagegen unterschiedliche Beobachtungsaufgaben auf dasselbe Kind richten, dann erhalten Sie eine vertiefte Sicht auf dieses Kind ›im Besonderen‹. Es versteht sich von selbst, dass Sie sich nach einer allgemeinen Erkundungsphase mit Ihrer Mentorin/Ihrem Mentor und Ihren Mit-Studierenden über die Beobachtungsschwerpunkte und Ihre Vorgehensweise absprechen sollten. Sie werden in der Regel mindestens zu zweit an einer Schule oder in einer Klasse sein. Dann ist es sinnvoll, wenn Sie zumindest punktuell die gleiche Beobachtungsaufgabe beim gleichen Kind wahrnehmen, und wenn Sie hinterher Ihre Beobachtungen miteinander vergleichen. Aller Wahrscheinlichkeit nach werden Sie nur teilweise in Ihren Ergebnissen übereinstimmen. Sie können dabei bemerken, wie viel subjektive Momente in die Beobachtung eingehen. Gleichzeitig erfahren Sie aber auch, wie viele Absprachen, Definitionen und Einengungen erforderlich sind, um zu intersubjektiv gültigen Erkenntnissen zu kommen.

Das folgende Beispiel zeichnet den Ablauf der Beobachtung in einer Klasse idealtypisch nach. Dabei wird besonders das ›Bandbreite-Genauigkeits-Dilemma‹ sichtbar: Die Studierenden engen ihre Beobachtung schrittweise ein und erhalten auf diese Weise immer genauere Aussagen in einem immer schmaleren Segment.

Spontane Beobachtung

Studierende hospitieren in ihrer Praktikumsklasse. Es fällt ihnen auf, dass die Beteiligung der Kinder am Unterricht der Klassenlehrerin sehr unterschiedlich ist.

Unstrukturierte Beobachtung

Sie beschließen, das Phänomen der Mitarbeit genauer zu beobachten und ziehen ihre Aufmerksamkeit von anderen Aspekten des Unterrichts (z. B. des sozialen Verhaltens der Kinder untereinander) ab. In den nächsten Stunden sammeln sie Erfahrungen zur Schülerbeteiligung durch unstrukturierte Beobachtungen. Dabei haben sie noch keinen Plan darüber, welches Verhalten als ›Mitarbeit‹ bewertet werden soll, in welchem zeitlichen Rahmen beobachtet werden soll oder ob sich die Beobachtung auf bestimmte Kinder ausrichten soll: Sie erkunden also zunächst nur die allgemeine Situation.

Strukturierte Beobachtung

Nach dieser Phase der Orientierung wird in einer Vorbesprechung von der Klassenlehrerin eine bewusste Lenkung der Beobachtung auf den Bereich ›Melden‹ vorgeschlagen. Das ist eine erhebliche Einschränkung, denn ›Melden‹ ist nur eine der möglichen Formen von Mitarbeit. Auch Kinder, die Antworten oder Fragen in die Klasse rufen oder Kinder, die mitdenken, sich aber nicht melden, arbeiten im Unterricht mit. Die Beobachtung der Mitarbeitsaktivitäten wird also bewusst auf eine einzige Form begrenzt.

›Beobachtungsobjekte‹

Da nicht alle Kinder der Klasse gleichzeitig zuverlässig beobachtet werden können, wird die Beobachtung von ausgewählten Kindern vereinbart.

Deskriptionsform

Als Beobachtungsformular wird eine einfache Strichliste entwickelt, die in 5-Minuten-Zeitintervalle eingeteilt ist und in die jeweils ein Strich eingetragen werden soll, wenn sich eins der ausgewählten Kinder meldet.

Machen Sie sich klar, dass die Wahrnehmung der Realität ›Unterricht‹ durch diese Absprachen erheblich eingeschränkt worden ist:

- Es wird nur noch ›Mitarbeit‹ beobachtet.

- Es werden nur noch ausgewählte Kinder beobachtet.

- ›Mitarbeit‹ wird nur auf ›Melden‹ begrenzt.

- Die Intensität des Meldens (von ›vorsichtig den Finger heben‹ bis ›aufspringen und den Arm schlenkern‹) wird nicht mehr beachtet – obwohl gerade sie den Unterrichtsprozess stark beeinflussen kann.

Von der Schüleraktivität bleibt ein einziger Strich in einer Strichliste übrig.

4.2.3   Wie kann protokolliert werden

Im wissenschaftlichen Kontext sind Beobachtungen ohne Deskription wert-
los. Zwar dient Ihr Schulpraktikum nicht der Forschung, sondern der Erkundung, aber ohne Deskription geht es auch in diesem Falle nicht. Nur so
stehen Ihre Beobachtungen einer diskursiven Betrachtung, z. B. im Anschluss an die Hospitation, zur Verfügung. Da Sie im Normalfall Ihre Beobachtungen nicht mit technischen Medien aufzeichnen können, sind Sie also auf Formen des Protokollierens angewiesen.

Zwei Probleme der Protokollierung sollen vorweg angesprochen werden:

1 Es gibt – zumindest im Zusammenhang mit der Unterrichtsbeobachtung – keine Beobachtungstechniken und erst recht keine Protokol-
lierungsformen, mit der die Komplexität des Unterrichtsprozesses
erfasst werden können.

2 Beobachtung und Bewertung rücken ungewollt oft sehr nah aneinander heran. Im ungünstigsten Fall kann ein Protokoll ungewollt mehr
über den Protokollanten aussagen, als über die Situation, die proto-
kolliert wurde.

Die wichtigste Form des Protokolls für das Schulpraktikum ist vermutlich
die Unterrichtsmitschrift. Aber auch hier gilt: Alles mitschreiben können Sie
ohnehin nicht. Ihr Protokoll enthält also immer schon eine Selektion und
damit eine Bewertung darüber, was Ihnen ›mitschreibenswert‹ erschien.
Hinsichtlich der Protokollformen kann man zwischen der wenig formalisierten, der teilformalisierten und der hoch formalisierten Deskription unterscheiden (s. Strukturschema 2).

* Nicht oder wenig formalisierte Deskription

Die wörtliche Mitschrift (*Wortprotokolle*) von Hospitationsstunden können
Sie kaum leisten. Echte Wortprotokolle kann man im Allgemeinen nur als
nachträgliche Abschrift einer Tonaufnahme erstellen. Das macht viel Arbeit
und ist eigentlich nur dann sinnvoll, wenn Sie dies zum Vertiefungsschwer-
punkt Ihres Praktikumsberichtes (vgl. 8.2) machen wollen. Im Zusammenhang mit der Hospitation im Schulpraktikum können kurze Wortprotokolle
aber dann einen Zweck erfüllen, wenn sie auf enge zeitliche Abschnitte bezogen sind oder nur einen bestimmten Ausschnitt umreißen. Es lohnt sich
z. B. aufzuschreiben, mit welchen Worten die Klassenlehrerin ihre Klasse
begrüßt. – Mit welchen Formulierungen sie ›Ruhe und Ordnung‹ wieder
herstellt. – Wie sie die Aufmerksamkeit der Kinder auf besondere inhaltliche Schwierigkeiten oder Lernprobleme lenkt. – Wie sie Kinder lobt, tadelt
oder ermahnt – usw. Solche ausschnitthaften Wortprotokolle können dazu
beitragen, Strukturen und Zusammenhänge anhand konkreter Situationen
erfahrbar und durchschaubar zu machen.

Zusammenfassende Protokolle versuchen, einzelne Unterrichtsphasen beschreibend zu erfassen. Dabei schreiben Sie mit eigenen Worten – gewissermaßen erzählend – einen Verlauf auf und beziehen dabei möglicherweise auch einzelne ausgewählte und von Ihnen ggf. verknappte Abschnitte ›wörtlich‹ mit ein. Die Gefahr dieser Art von Protokollierung, die als Form eines pädagogischen Tagebuches durchaus sinnvoll ist, liegt darin, dass sie in hohem Maße subjektiven Einflüssen unterliegt.

- Teilformalisierte Deskription

Eine Teilformalisierung erhalten Sie schon, wenn Sie in Ihrem ›narrativen Protokoll‹ in regelmäßigen Abständen die aktuelle Uhrzeit einfügen, damit Sie nachträglich die Zeitdimension rekonstruieren können. Es empfiehlt sich auch, eine separate Spalte für eigene Bemerkungen vorzusehen, z. B.:

Zeit	Beschreibung	Bemerkungen

Eine gewisse Strukturierung erhält Ihre Mitschrift aber auch dadurch, dass Sie versuchen, einzelne Unterrichtsphasen im Rahmen Ihrer Mitschrift voneinander abzugrenzen, z. B.:

Zeit	Phase	Beschreibung	Bemerkungen

Sinnvoll ist es schließlich, ein Formular mit Spalten anzulegen, in das Sie freie, aber an eine bestimmte Perspektive gebundene Eintragungen machen können. Dabei können zusätzlich Zeitintervalle berücksichtigt werden, z. B.:

Zeit	Was tut die Lehrkraft?	Was tun die Kinder?	Bemerkungen
8.00			

- Formalisierte Protokolle

Formalisierte Protokolle sind z. B. Strichlisten. Sie engen die Form des Protokolls sehr stark ein und eignen sich daher nicht dazu, einen Unterrichtsprozess als Ganzes zu erfassen. Als Deskriptionsform für Einzelbeobachtungen können sie dagegen sehr hilfreich sein. Die formalisierte Protokollierung von Beobachtungen setzt allerdings voraus, dass zunächst eine genaue Festlegung darüber getroffen wird, welche Verhaltensformen beobachtet und erfasst werden sollen. Für den Bereich ›Kontaktverhalten: Schüler-Mitschüler‹ lässt sich beispielsweise die nachfolgende (nicht abgeschlossene) Liste erstellen:

»Der S spricht mit dem Mitschüler.
Der S weist den Mitschüler auf etwas hin.
Der S sagt dem Mitschüler etwas vor.
Der S schwätzt mit dem Mitschüler.
Der S hilft dem Mitschüler bei einer Tätigkeit.
Der S vergleicht etwas mit dem Mitschüler.
Der S guckt beim Mitschüler ab. [...]
Der S stößt einen Mitschüler.
Der S schlägt einen Mitschüler. [...]«[5]

Liegt eine solche Liste vor, ist es möglich, während der Beobachtungszeit immer dann, wenn eine der vorab definierten Verhaltensformen auftritt, dies mit einem Strich zu protokollieren.

Kontaktverhalten des Schülers XY:	(ein Strich für jedes Auftreten)

Selbstverständlich ist es auch möglich vorab festzulegen, welches Verhalten als erwünscht und welches als unerwünscht gilt, dann kann dies im Protokoll z. B. durch ein Plus- oder ein Minuszeichen festgehalten werden.

positive Kodierung (+)	**negative Kodierung (−)**
Der S spricht mit dem Mitschüler.	Der S sagt dem Mitschüler etwas vor.
Der S weist den Mitschüler auf etwas hin.	Der S schwätzt mit dem Mitschüler.
Der S hilft dem Mitschüler bei einer Tätigkeit.	Der S guckt beim Mitschüler ab.
Der S vergleicht etwas mit dem Mitschüler.	Der S neckt einen Mitschüler.
	Der S stößt einen Mitschüler.
	Der S schlägt einen Mitschüler.

Die formalisierte Form des Protokolls und die entsprechenden Vorarbeiten verringern zwar das Problem der subjektiven Bewertung, aber lösen es nicht völlig auf: Bei Verhaltensform ›neckt einen Mitschüler‹ ist schon bei der Definition zu entscheiden, ob dies als positive Kontaktaufnahme (»Was sich neckt, das liebt sich.«) oder als negative Kontaktaufnahme (»Das stört doch!«) betrachtet werden soll. Aber auch bei einer so stark formalisierten Protokollierung können immer noch subjektive Momente einfließen: Ob man nämlich »vergleicht etwas« oder »guckt ab« ankreuzt, dürfte in vielen Situationen eine Interpretationsfrage sein. Mit dieser Interpretation nimmt der Beobachter eine subjektive Wertentscheidung vor. Diese Einschränkungen sind geeignet, das Problem der subjektiven Wertung noch einmal in den Blick zu rücken. Dies umso mehr, als viele Werke der Praxis- und Ratgeberliteratur ›Beobachtungsbogen‹ vorschlagen, die in Wirklichkeit wenig mit ›Beobachtung‹ zu tun haben. Der abgebildete Ausschnitt ist ein Beispiel dafür.

0 = gar nicht / 1 = gelegentlich / 2 = häufig / 3 = immer													
										bei kognitiver Aufgabenstellung			Selbstständigkeit
										bei affektiver Aufgabenstellung			
										bei manueller Aufgabenstellung			

Schon die Kategorien zeigen ein hohes Maß an Subjektivität: Es bleibt offen, was »0 = gar nicht« im Zusammenhang mit »Selbstständigkeit bei kognitiver Aufgabenstellung« bedeutet. Im Kern handelt es sich hier auch gar nicht um einen Beobachtungsbogen. Der ›Beobachter‹ wird vielmehr aufgefordert, eine Bewertung auf einer vierstufigen Skala abzugeben. Insofern handelt es sich offensichtlich mehr um einen Bewertungsbogen.[6]

4.3 Resümee

Erkundung und Beobachtung der Unterrichtspraxis gehören zu den Hauptanliegen des Schulpraktikums. Beobachtung im wissenschaftlichen Sinne unterscheidet sich von der Alltagsbeobachtung durch Planmäßigkeit, Zielgerichtetheit, methodische Reflexion und Deskription. Um das Dilemma der Vermischung von Beschreibung und Beurteilung zu verringern, sollten drei Punkte berücksichtigt werden:

1 Beobachtung und Bewertung müssen bewusst so lange wie möglich voneinander getrennt werden.

2 Der Beobachter soll sich zeitnah Notizen unter Bezugnahme auf das beobachtbare Verhalten machen: Abkürzungen, Symbole oder „Wertzeichen" sollten möglichst vermieden werden.

3 Die Deskription soll sich möglichst auf beobachtbares Verhalten beschränken. Wertungen sollten dagegen erst nachträglich vorgenommen werden.

4.4 Checkliste 3: Acht Schritte zur Unterrichtsbeobachtung

Schritt	Beispiel	Eigene Idee
① Beobachtungsbereich festlegen.	Z. B. »Mitarbeit im Unterricht«	
② Unstrukturierte Beobachtung durchführen.	Überblick über die verschiedenen Ausdrucksformen von „Mitarbeit" erkunden.	
③ Einengung auf eine bestimmte Ausdrucksform vornehmen (Verhaltenskategorie).	»Meldehäufigkeit«	
④ Aufschlüsselung der gewählten Kategorie in konkrete Verhaltensformen mit Klassenlehrerin oder Mitpraktikant/in vereinbaren.	1. Der Schüler meldet sich zögernd. (Arm wird langsam auf eine mittlere Höhe gehoben.) 2. ... hebt seinen Arm und schnippt mit dem Finger. 3. ... schwenkt seinen Arm. 4. ... springt beim Melden von seinem Platz auf. 5. ... begleitet seine Meldung mit Ausrufen. (Oh, ich weiß! Hier! u. a. m.) 6. ... ruft bei der Meldung den Namen der Lehrperson. 7. ... reißt den Arm hoch und ruft die Antwort in die Klasse etc. [7]	
⑤ Ggf. Einengung auf bestimmte Schülerinnen und Schüler vornehmen.	Z. B. besonders mitarbeitsbereite/-unwillige Kinder (nach Einschätzung der Klassenlehrerin oder nach eigener unstrukturierter Beobachtung).	
⑥ Deskriptionsform festlegen. Wertungen vermeiden.	Reine Strichliste? Strichliste in Zeitraster? Weitere Deskriptionsform? Keine Schätzskalen verwenden.	
⑦ Auswertung vornehmen.	Quantitativ und/oder qualitative Auswertung (inklusive begründete Bewertungen).	
⑧ Schlussfolgerungen/Konsequenzen für späteren eigenen Unterricht bedenken.	Welche Rückschlüsse ziehe ich für meine Unterrichtsplanung? Worauf sollte ich bei Interaktionen stärker achten? Welche Konsequenzen sind bei mir selbst erforderlich?	

Anmerkungen

1   Nauck, Joachim: Unterrichtsbeobachtung und Analyse. In: Didaktisches Denken und Handeln. Eine Einführung in die Theorie des Unterrichts. (Hrg.) Dieter Hoof. 2. Aufl. Braunschweig: o. V. 1986, 24.

2   Roth, Heinrich:Die Bedeutung der empirischen Forschung für die Pädagogik. In: Denkformen und Forschungsmethoden der Erziehungswissenschaft. Band 2. Forschungsmethoden. Hrg. Siegfried Oppolzer. München: Ehrenwirth 1969, 42.

3   Nauck, Joachim: Unterrichtsbeobachtung und Analyse a. a. O. 33.

4   Beispiel aus: Vorsmann, Norbert: Wege zur Unterrichtsbeobachtung und Unterrichtsforschung. Düsseldorf: Henn 19972, 110.

5   In Anlehnung an: Vorsmann, Norbert: Wege zur Unterrichtsbeobachtung a. a. O. 110.

6   Der Abbildungsausschnitt ist im Sinne eines Zitates entnommen aus: Weigert, Hildegunde/Weigert, Edgar: Schülerbeobachtung. Ein pädagogischer Auftrag. 2. Aufl. Weinheim und Basel 1996, 111.

7   In Anlehnung an: Vorsmann, Norbert: Wege zur Unterrichtsbeobachtung a. a. O. 108.

5 Was muss ich über Didaktik wissen?

Didaktik ist die Berufswissenschaft von Lehrerinnen und Lehrern. Obwohl die Zitate in der Randspalte dieser Seite den Eindruck erwecken, es gehe in der Schule genauso gut ohne ›Didaktik‹ wie mit, sollten Sie sich nicht dazu verleiten lassen, ›Theoriefragen‹ bei der Vorbereitung auf das Schulpraktikum zu vernachlässigen. Es stimmt, dass viele Lehrerinnen und Lehrer mit dem Begriff ›Didaktik‹ oft nicht viel anzufangen wissen. Dennoch hat ihr didaktisches Handeln mit Sicherheit einen impliziten Theoriebezug. Sie orientieren ihr Handeln an pädagogische Überzeugungen oder Grundkonzeptionen, für die es in der Didaktik einschlägige Entsprechungen gibt.

„Ich habe in der Ausbildung [...] nicht kapiert, was unter Didaktik zu verstehen ist und weiß es heute auch noch nicht."

„Didaktik ist etwas fürchterlich Theoretisches."

5.1 Begrifflichkeit

Wahrig, Deutsches Wörterbuch beschreibt

Lehrerinnen und Lehrer zum Thema Didaktik (zit. n. Kron 1993, 14)

- Didaktik als

  Wissenschaft vom Lehren u. Lernen, von den Inhalten der Bildung u. ihrer Auswahl im Lehrplan; Unterrichtslehre, Unterrichtskunde [<grch. didaktike techne „zum Unterricht gehörende, belehrende Kunst"; zu didaskein „lehren"]

- Didaktiker als

  jmd., der in der Didaktik erfahren ist, Erziehungswissenschaftler.

Auch in der Fachliteratur beginnen viele Ausführungen zur Didaktik mit einem Hinweis auf die Herkunft des Wortes, z. B.:

»didasko: 1. Lehrer sein, *lehren*, belehren, unterrichten, unterweisen, (aus)bilden; 2. einen Chor einüben und aufführen lassen; 3. belehrt oder unterrichtet werden; 4. *lernen*; aus sich selbst lernen, erfinden, sich aneignen; 5. jemanden in die Lehre geben, - etwas lernen lassen, - unterrichten, ausbilden lassen«[1]

Wichtig in diesem Zusammenhang erscheint, dass das Wort Didaktik von seinem Ursprung her sowohl das ›Lehren‹ wie auch das ›Lernen‹ bezeichnet. Dass es daneben weitere Bedeutungen hatte und dass sich die pädagogischen Ableitungen des Wortes in der Mehrzahl auf das ›Lehren‹ und nicht auf das ›Lernen‹ beziehen, kann festgehalten werden[2], hat aber für die gegenwärtige Diskussion keine Bedeutung.

Seit dem 17. Jahrhundert ist der Begriff Didaktik in Verbindung mit den Werken der Pädagogen Wolfgang Ratke (1571-1635) und Johann Amos Comenius (1592-1670) dem pädagogischen Feld zugeordnet. Jeder halbwegs gebildete Laie, wird ›Didaktik‹ heute eindeutig mit ›Unterricht‹, ›Schule‹ oder ›Pädagogik‹ insgesamt in Verbindung bringen. Damit enden die Gemeinsamkeiten dann aber auch schon. Wenn es bei Lehrerinnen und Lehrern Unklarheiten im Gebrauch des Wortes Didaktik gibt, dann liegt das mit Sicherheit auch daran, dass es einen festumrissenen Didaktik-Begriff trotz einer jahrhundertelangen pädagogischen Diskussion nicht gibt.

Tatsächlich werden unterschiedliche Konzeptvorstellungen mit diesem Begriff verbunden.[3] Um die Fülle inhaltlicher Bestimmungen für Didaktik aufzuzeigen, muss man nicht bis ins siebzehnte Jahrhundert zurückgehen. Es reicht, die letzten fünfzig Jahre zu betrachten um zu erkennen, dass sich unter dem Oberbegriff ›Didaktik‹ sehr unterschiedliche Positionen verbergen. Ich schränke den Begriff ›Didaktik‹ hier auf drei Perspektiven ein (der vierte Punkt kann als Untermenge der Perspektive 3 verstanden werden):

* Didaktik als Theorie des Lehrens und Lernens
* Didaktik als Theorie des Unterrichts
* Didaktik als Theorie der Bildungsinhalte
* Didaktik als Transformation der Inhalte.

① Didaktik als Theorie des Lehrens und Lernens

② Didaktik als Theorie organisierter Lehr- und Lernprozesse

③ Didaktik als Theorie der Bildungsinhalte

④ Didaktik als Transformation von Inhalten zu Unterrichtsgegenständen

Strukturschema 3: Begriffsfelder der Didaktik[4]

Die Graphik macht bereits deutlich, dass der Umfang der Aussagen über Didaktik differiert:

1 In einer weiten Form versteht man Didaktik als »Wissenschaft [...] vom Lernen und Lehren überhaupt [...]«.[5] Das schließt Lehr- und Lernprozesse jeglicher Art (»in allen Formen [...] auf allen Stufen«) an jeglichem Ort ein. Es ist aber auch eine noch weitere begriffliche Ausdehnung von Didaktik möglich. So definiert Hilbert Meyer Didaktik als »Theorie *und Praxis* des Lehrens und Lernens«.[6]

2 Eine geringere Spannweite hat die zweite Definition: »Didaktik [...] umfasst das weite Wirklichkeitsfeld gesellschaftlich legitimierter, organisierter und auf professioneller Basis durchgeführter Lehr- und Lernprozesse. Sie können im weitesten Sinne als Unterricht definiert werden.«[7] Kennzeichen dieser Position ist ihre Fokussierung auf Lehren und Lernen *in organisierten Prozessen*. Dies schließt alle Bildungsinstitutionen ein, bezieht sich also ausdrücklich nicht nur auf Schule.

3 Betrachtet man Didaktik als Theorie der Bildungsinhalte, so findet eine Konzentration auf die Frage nach den Inhalten von Bildungsprozessen statt. Es ist erkennbar, dass damit eine weitere Einschränkung der Spannweite des Didaktikbegriffs verbunden ist. Diese Positionierung der Didaktik ist vor allem in den Fünfziger- und Sechzigerjahren diskutiert worden. Sie kann heute als überwunden angesehen werden.

4 Eine vierte Position betrachtet Didaktik als »die nach bestimmten Prinzipien durchgeführte und auf allgemeine Intentionen bezogene Transformation von Inhalten zu Unterrichtsgegenständen«[8].

Unabhängig von der Frage, ob dies derzeit eher eine ›Mehrheitsposition‹ oder eine ›Minderheitsposition‹ ist, schließe ich mich zumindest für den vorliegenden Text, in dem es um Schulpraktikum und Unterricht geht, folgender – der zweiten Position nahe stehenden – Definition an:

> »Die allgemeine Didaktik befaßt sich [...] mit den allgemeinen Prinzipien, den Strukturmomenten und der Institutionalisierungsproblematik organisierten Lehrens und Lernens«.[9]

Damit ergibt sich ein engeres Gegenstandsfeld der Didaktik. Solange man sich aber bewusst bleibt, dass Lehren und Lernen nicht auf den organisierten Bereich beschränkt ist, sondern sich in wesentlichen Teilen auch außerhalb vollzieht, erscheint es sinnvoll, den Fokus der Didaktik als Berufswissenschaft von Lehrerinnen und Lehrern auf die professionellen, organisierten Lehr- und Lernprozesse, also auf den Unterricht auszurichten.

Die gewählte Definition soll um drei Momente, die gesondert anzusprechen sind, ergänzt werden.

1. Zusammenhang von allgemeiner Didaktik und spezieller Didaktik

Als Unterformen der allgemeinen Didaktik haben sich spezielle Didaktiken etabliert, die als Fachdidaktiken, Stufendidaktiken (stufenbezogene Didaktik) und Lernbereichsdidaktiken bezeichnet werden. Spezielle Didaktiken sind als Konkretisierungsfelder der ›allgemeinen Didaktik‹ zu verstehen und akzentuieren deren Aspekte im Hinblick auf ihren Gegenstandsbereich, z. B. im Hinblick auf Lebensalter, Schulstufen, Fächer oder übergreifende Lernbereiche. Daneben sind auch ›Schulartendidaktiken‹ zu nennen. Angesichts der zunehmenden Flexibilität des Schulsystems und der vielfältigen Übergänge zwischen den Schularten, erscheinen Schulartendidaktiken heute aber fragwürdiger denn je. (Was wird aus der ›Realschuldidaktik‹ in der Sekundarstufe I?, Was wird aus der ›Hauptschuldidaktik‹, wenn Hauptschule und Realschule zur Sekundarschule zusammengefasst werden?)

Zwischen speziellen Didaktiken und der allgemeinen Didaktik, aber auch untereinander gibt es vielfältige Verflechtungen und wechselseitige Abhängigkeiten. Stufendidaktiken sind von ihrer Orientierung her auf Lebensalter und auf Entwicklungsstufen ausgerichtet. Sie realisieren sich nicht nur in besonderen Akzentuierungen und Schwerpunktsetzungen didaktischer Prinzipien, sondern auch in stufenbezogenen Fach- und Bereichsdidaktiken.

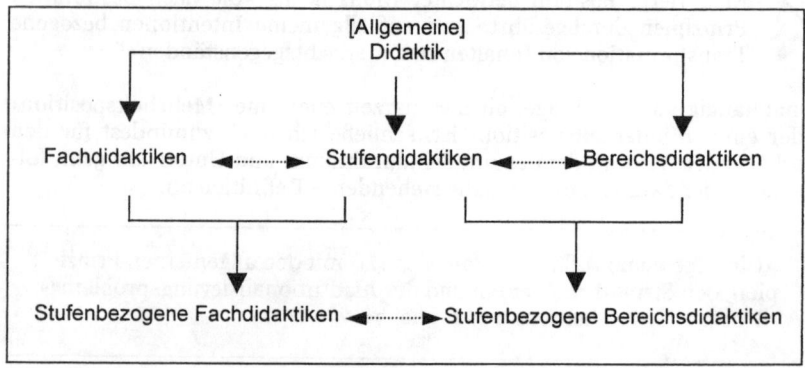

Strukturschema 4: Teilgebiete der Didaktik

2. Zusammenhang von Didaktik und Methodik

Die Frage, ob die Methodik eine eigenständige Kategorie bildet oder in der Didaktik enthalten ist, war in der Vergangenheit eine durchaus ernst zu nehmende und ernsthaft zu erörternde Fragestellung. In der Tradition der geisteswissenschaftlichen Pädagogik wurde Didaktik als Theorie der Bildungsinhalte aufgefasst (Position 3). Wenn sich Didaktik also *nur* auf die Inhalte bezog, dann waren Fragen der Vermittlung (Methodik) explizit *nicht* in der Didaktik enthalten. Aus dieser Zeit stammt die pragmatische Unterscheidung, die Didaktik beschäftige sich mit dem ›*Was*‹, die Methodik mit dem ›*Wie*‹ des Unterrichts. Da diese Unterscheidung aber nur für ein bestimmtes Konzept zutraf, setzte sich ein begriffliches Nebeneinander von der Didaktik im ›engeren Sinne‹ und der Didaktik im ›weiteren Sinne‹ durch. So heißt es etwa im Lexikon der Pädagogik (1970):

- »Die Didaktik im *engeren Sinne* umschreibt das Aufgabengebiet der Wissensinhalte und ihrer Voraussetzungen, während Methodik die Weise der Vermittlung der Inhalte beschreibt.«

- »Die Didaktik im *weiteren Sinne* [...] umfasst alle Theorien des Unterrichts.« [10]

Parallel zur Auffassung einer nur auf Bildungsinhalte ausgerichteten ›engeren‹ Didaktik wurde der Didaktikbegriff schon in den Fünfzigerjahren im ›weiteren Sinne‹ als der Gesamtprozess des Lehren und Lernens verstanden (so z. B. 1952 in: »Grundbegriffe der pädagogischen Fachsprache«[11]). Es handelt sich letztlich um eine Definitionsfrage:[12] Betrachtet man Didaktik als ›Unterrichtswissenschaft‹, dann ist die ›Methodik‹ eingeschlossen. Betrachtet man Didaktik als ›Theorie der Bildungsinhalte‹ oder noch enger ›Theorie des Lehrplans‹, dann ist Methodik per Definition ausgeschlossen. Der heutige Gebrauch des Begriffes Didaktik entspricht der ›Didaktik im weiteren Sinne‹. Dies entspricht auch eher der gängigen Unterrichtspraxis.

Nach dem Verständnis der oben gewählten Definition sind die Bedingungen, die Ziele, die Inhalte und die Methoden und die Überprüfung des Erfolgs pädagogischen Handelns als Aufgabenaspekte der Didaktik zu benennen. Klar sollte in jedem Falle sein, dass man Didaktik und Methodik nicht synonym verwenden kann.

3. Didaktik und Bezugswissenschaften

Pädagogik ist keine in sich abgeschlossene Wissenschaft. Sie beschäftigt sich mit einer breiten Palette von Fragen wie Entwicklung, Lernen und Interaktion, die auch in anderen Wissenschaften unter ähnlicher Perspektive aufgegriffen werden. Daher ist es logisch, dass Lehramtsstudierende nicht nur Pädagogik studieren müssen – was schon eine flüchtige Durchsicht von Prüfungs- und Studienordnungen zeigt.

Für die Didaktik als Teilgebiet der Pädagogik gilt diese Aussage in gleicher Weise. Auch sie ist auf Bezugswissenschaften oder Bezugsdisziplinen angewiesen, um ihren Aufgaben gerecht werden zu können. Dabei geht es um eine Zusammenarbeit

- mit anderen Teildisziplinen der Pädagogik,

- mit Nachbarwissenschaften oder Bezugswissenschaften (i. S. des erziehungswissenschaftlichen Studiums in den Lehramtsstudiengängen),
- mit Fachwissenschaften und Fachdidaktiken (i. S. des Studiums von Unterrichtsfächern in den Lehramtsstudiengängen).

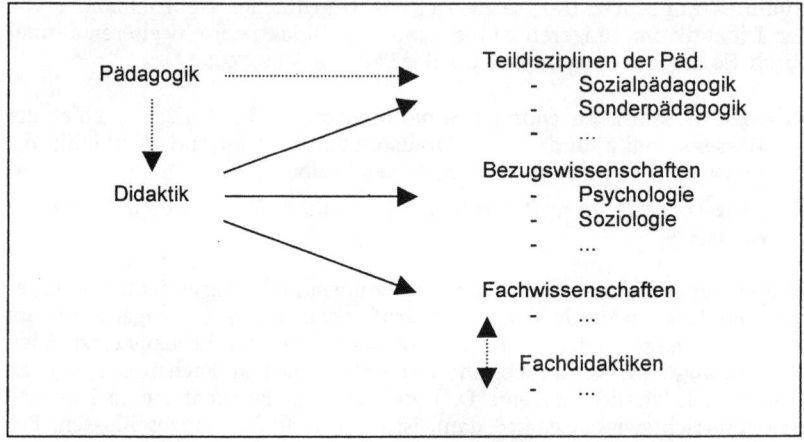

Strukturschema 5: Didaktik und Bezugswissenschaften

5.2 Modelle der Didaktik

Die angesprochenen Differenzen bei der Bestimmung des Gegenstandsfeldes der Didaktik (s. Strukturschema 3) machen deutlich, dass es unterschiedliche Positionen im Verständnis von Didaktik gibt. Blankertz[13] hat in seinem Klassiker zu diesem Thema »Theorien und Modelle der Didaktik« (1. Auflage 1969 – 14. Auflage 2000) die Vielfalt in der Diskussion nachgezeichnet. Kron gelingt es (1993) eine Gesamtzahl von dreißig (in Ziffern: 30) Theorien und Modellen didaktischen Handelns in der deutschsprachigen Literatur nachzuweisen.[14] Da es sich dabei wie bei der Richter-Skala (des amerikanischen Seismologen Richter) um eine nach oben offene Skala handelt, sollten Sie die Zahl 30 nur als temporär betrachten. Aus der Sicht von Lehrerinnen und Lehrern mag diese Unabgeschlossenheit negativ wirken. Aus erziehungswissenschaftlicher Sicht ist sie dagegen positiv zu bewerten: Sie ermöglicht es die Bewegungen und Erschütterungen des wissenschaftlichen Diskurses (insofern ist der Vergleich mit der Richter-Skala zulässig) aufzunehmen und umzusetzen. In einer dynamischen Gesellschaft mit einem sich fortlaufend wandelnden Schul- und Bildungssystem wären starre Didaktik-Vorstellungen kein Vorteil, sondern ein Nachteil.

Didaktik-Modelle kann man als »Vorstufen zu Theorien« ansehen.[15] Insofern haben sie eine hohe Bedeutung für die wissenschaftliche Diskussion.

Kiper fasst diese Bedeutung in vier Punkten zusammen: Danach ermöglichen Didaktik-Modelle,

- »in die Komplexität des Unterrichts Übersicht und Ordnung durch Reduktion auf wesentliche Aspekte zu bringen,
- Rationalität im Unterrichtsgeschehen stärker zu eröffnen, als dies durch Unterrichtsrezepte möglich wäre,
- Grundlagen für Unterrichtsbeobachtung und Unterrichtsforschung zu legen,
- Hilfen für Planung und Analyse von Unterricht zu gewähren.«[16]

Didaktische Modelle sind also nicht nur für die Theorie-Diskussion grundlegend, sie nehmen auch die Praxis in den Blick. Im nachfolgenden Abschnitt kann es jedoch nicht darum gehen, die Vielfalt der Modelle zu diskutieren, sondern zwei wesentliche Strömungen, auf die Sie explizit oder implizit bei Ihren Begegnungen mit Schulpraxis immer wieder stoßen werden, nachzuzeichnen.

5.2.1 Bildungstheoretische Didaktik

Die bildungstheoretische Perspektive der Didaktik ist hier bereits als ›Didaktik im engeren Sinne‹ (Position 3) angesprochen worden. Der bildungstheoretische Ansatz wandte sich gegen die normative Didaktik, bei der aus einem normativ festgelegten Bildungs- und Erziehungsziel die weiteren pädagogischen Handlungsschritte abgeleitet werden. Er war insofern ein Fortschritt und hat die Diskussion stark belebt. Von den Sechzigerjahren des letzten Jahrhunderts an kann Wolfgang Klafki als ihr hervorragender Vertreter bezeichnet werden.[17]

Die bildungstheoretische Didaktik stellt die Wahl der Bildungsinhalte in das Zentrum ihrer Überlegungen, weil sich nur in der Begegnung des Lernenden mit dem Inhalt Bildung vollzieht. Angesichts der Vielzahl möglicher Inhalte beschäftigt sich die bildungstheoretische Didaktik mit der Frage, was einen Inhalt zum Bildungsinhalt werden lässt? Die formale Antwort ist einfach. Nur wenn ein Inhalt auch einen Bildungsgehalt hat, dann kann sich in der Auseinandersetzung mit ihm Bildung vollziehen. Nur dann ist der Inhalt als Bildungsinhalt legitimiert, und es ist sinnvoll, ihn zum Gegenstand organisierter Lehr- und Lernprozesse zu machen.

> »Was ein Bildungs*inhalt* sei oder worin sein Bildungs*gehalt* oder Bildungs*wert* liege, das kann erstens nur im Blick auf bestimmte Kinder und Jugendliche gesagt werden [...] und zweitens nur im Blick auf eine bestimmte, geschichtlich-geistige Situation mit der ihr zugehörigen Vergangenheit und der vor ihr sich öffnenden Zukunft.«[18]

Der Bildungsgehalt/Bildungswert kann nicht ein für alle Mal im Voraus festgelegt werden, sondern muss sich in der aktuellen Situation jeweils erst neu erweisen. Aus dem bisher Gesagten ergeben sich zwei Konsequenzen:

1 Wenn der Bildungswert eines Lernprozesses von seinem Inhalt abhängt, dann gerät der Inhalt in das Zentrum des Interesses: Man muss erst das ›Was‹ des Lernprozesses bedenken, dann kann man sich um die Form der Vermittlung kümmern. Es entsteht die ›Didaktik im engeren Sinne‹ mit einem Primat der Didaktik vor der Methodik.

2 Da der Bildungsgehalt oder Bildungswert nicht im Voraus festgelegt werden kann, muss er im Blick auf bestimmte Lerner jeweils neu ermittelt werden. Dafür bedarf es eines Instrumentariums.

5.2.1.1 Die Didaktische Analyse

Die ›Didaktische Analyse‹ wurde von Wolfgang Klafki erstmals 1958 vorgestellt. Er formulierte »fünf didaktische Grundfragen« und eine Reihe von Unterfragen, deren gemeinsames Ziel es ist, die Verwendbarkeit eines Inhalts als Bildungsinhalt zu überprüfen. Ein Teil der Fragen bringt bereits eine methodische Orientierung in den Blick oder leitet zumindest ansatzweise zur Methodik über. (Zu den Inhalten der Didaktischen Analyse vgl. 7.3.3.) Die Didaktische Analyse fragt nach dem ›Wozu‹ (Bildungsgehaltsanalyse), nach dem ›Was‹ (Sachanalyse) und zumindest ansatzweise auch nach dem ›Wie‹ (Ansätze einer Methodenanalyse).

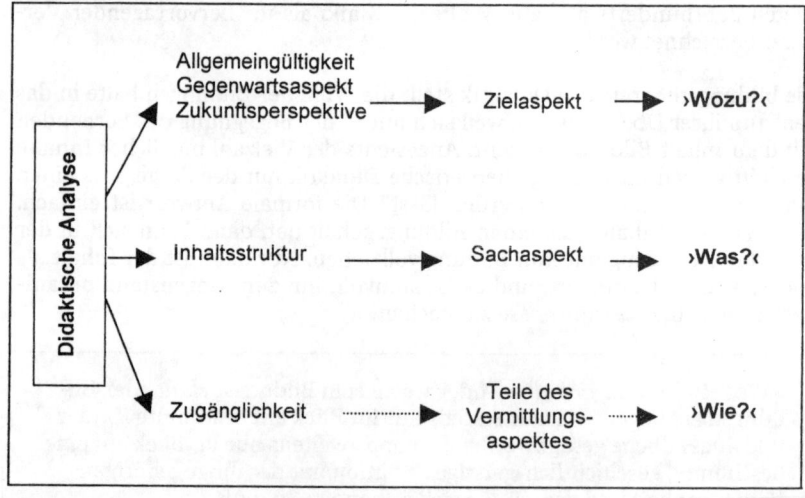

Strukturschema 6: Aspekte und Schwerpunkte der didaktischen Analyse

5.2.1.2   Kritisch-konstruktive Didaktik

Die Didaktische Analyse hatte über Jahre (Jahrzehnte) hinweg Bestand. Als Klafki seine Didaktikposition in den Achtzigerjahren in überarbeiteter und angepasster Form als ›kritisch-konstruktive Didaktik‹ vorstellte und ein vorläufiges Strukturmodell damit verband, wurde die Didaktische Analyse modifiziert und anderen Didaktiktikpositionen angenähert. Peterßen hat unter Verweis auf Klafki (1978)[19] auf folgende Veränderungen hingewiesen:

- »Das Perspektivschema ist nicht mehr bloß ›Kern der Unterrichtsvorbereitung‹, sondern ein generelles Planungsinstrument. Die Befassung lediglich mit Inhaltsfragen des Unterrichts wird zugunsten der Behandlung aller Unterrichtsdimensionen aufgegeben: ›Eine Neufassung der Didaktischen Analyse muß also den Zusammenhang zwischen Ziel- und Inhaltsproblematik und der Vermittlungs- und Medienproblematik schärfer in den Blick fassen.‹ (KLAFKI 1978, S. 71)

- Nicht den Inhalts-, sondern den Zielentscheidungen wird die größte Bedeutung für die Planung zugesprochen: ›Man müßte von einem *Primat der Intentionalität* gegenüber allen anderen Dimensionen des didaktischen Feldes sprechen, d. h. vom Primat der *Intentionalität* gegenüber dem Bereich der Thematik, den Methoden, den Medien und den dahinterstehenden anthropogenen und soziokulturellen Voraussetzungen.‹ (ebd.)

- Wie gegenwärtig alle Planungsmodelle, so sieht auch das Perspektivschema bereits für die Planung den Einbau von Kontrollen und Überprüfungen vor.«[20]

Insgesamt entwirft Klafki ein Perspektivschema, bei dem zwischen den meisten der Elemente ein Interdependenzzusammenhang angenommen wird. Wichtig erscheint auch, dass die Voraussetzungen der Lerngruppe oder einzelner Kinder in einer expliziten Bedingungsanalyse berücksichtigt werden sollen. Auf diese Weise ergeben sich für die ›kritisch-konstruktive Didaktik‹ insgesamt sieben Fragenkomplexe,[21] die sich auf fünf didaktische Felder verteilen, und zwar (vgl. 7.3.3):

1. *Bedingungen* des pädagogischen Handelns (Analyse der anthropologischen und institutionellen Bedingungen),

2. *Begründungen* für die gewählten Inhalte (Gegenwarts-, Zukunftsbedeutung, exemplarische Bedeutung),

3. *thematische Strukturierungen* (Bearbeitungsperspektive, innere Strukturen, Verstehensschichten, Zusammenhänge und Überprüfbarkeit),

4. *Zugangsmöglichkeiten* (im Hinblick auf Inhalt, Lerngruppe und Rahmenbedingungen),

5. *Lehr-Lernprozess-Strukturen* (methodische Strukturierung).

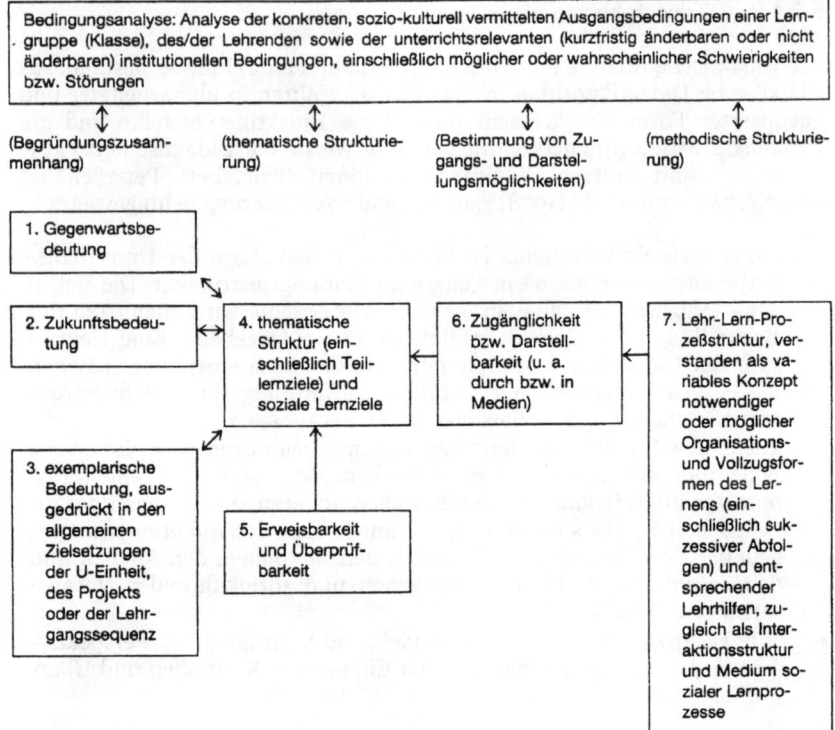

Strukturschema 7: Perspektivschema zur Unterrichtsplanung von Klafki 1985[22]

5.2.1.3 Zusammenfassung

Vergleicht man die Fragen der Didaktischen Analyse mit denen des Perspektivschemas, so lassen sich zahlreiche Neuerungen formulieren, die ich in fünf Punkten zusammenfasse:

1 Eine wesentliche Neuerung liegt im Abrücken vom ›Primat der Didaktik‹ im Verhältnis zur Methodik. An seine Stelle oder als seine »Weiterentwicklung und Präzisierung« tritt die Erkenntnis »vom Primat der Zielentscheidungen im Verhältnis zu allen anderen, den Unterricht mitkonstituierenden Faktoren«.[23]

2 Auch der deutlich formulierte Gedanke einer Interdependenz zwischen den einzelnen Didaktik-Feldern tritt neu hinzu. Dieser war im Modell der ›lerntheoretischen Didaktik‹ (vgl. 5.2.2) schon enthalten. Im Perspektivschema wird die Interdependenz allerdings eingeschränkt: Sie soll nicht als gleichartige Abhängigkeitsbeziehung, sondern im Sinne von wechselseitigen, aber qualitativ unterschiedlichen Beziehungen verstanden werden. (Deshalb sind auch nicht alle Faktoren mit doppelter Pfeilspitze untereinander verbunden.)

3 Neu ist auch die Einbeziehung der Bedingungsanalyse, die von Klafki selbst explizit auf die ›lerntheoretische Didaktik‹ zurückgeführt wird. Alle anderen didaktischen Felder müssen durch diesen Filter betrachtet werden. Ergänzend wird im Feld ›Zugänglichkeit und Darstellbarkeit‹ eine »Besinnung auf die institutionellen Bedingungen des Unterrichts« angesprochen. Eine Abtrennung der institutionellen Faktoren von der Bedingungsanalyse und die Berücksichtigung im Zusammenhang mit der ›Zugänglichkeit‹ sind nicht ohne weiteres nachvollziehbar.

4 Die Frage nach der ›Erweisbarkeit und Überprüfbarkeit‹ (im Perspektivschema der Fragenkomplex 5) nimmt Bezug auf die Lernziel- und Curriculumdiskussion, die in den Siebziger- und Achtzigerjahren eine zentrale Bedeutung in der pädagogischen Diskussion hatte.

5 Schießlich tritt als siebte Frage die Frage nach der Lehr-Lernprozess-Struktur (vulgo: Methodenfragen) hinzu. Sie ist im Perspektivschema neu hinzugekommen und richtet sich »auf die methodische Strukturierung bzw. auf die Strukturierung des Lehr-Lern-Prozesses. Gleichzeitig wird damit immer nach Interaktionsformen [...] gefragt«.[24]

Insgesamt findet eine deutliche Annäherung an die ›lerntheoretische Didaktik‹ statt: Unterschiede bestehen im Wesentlichen im Primat der Ziele und in der Annahme von gerichteten Interdependenzen.

5.2.2   Lerntheoretische Didaktik

Mit der Bezeichnung ›lerntheoretische Didaktik‹ trat zu Beginn der Sechzigerjahre eine didaktische Gegenströmung zur ›bildungstheoretischen Didaktik‹ auf den Plan. Sie forderte eine stärkere Orientierung an der Unterrichtspraxis. Verbunden ist dieser konzeptionelle Ansatz mit dem Namen von Paul Heimann (1901-1967). Ausgebaut und vertreten wurde sie in der Folgezeit vor allem von Wolfgang Schulz (1929-1993). Heimanns Kritik an dem seinerzeit dominierenden Didaktikkonzept richtete sich besonders dagegen, dass sich die bildungstheoretische Didaktik vorwiegend auf die Auswahl der Bildungsinhalte konzentrierte und Fragen der unterrichtlichen Umsetzung weitgehend ausschaltete Zur Erinnerung: Klafki hatte die »Didaktische Analyse als Kern der Unterrichtsvorbereitung« beschrieben. Zwar hatte auch die Didaktische Analyse bereits nach der Zugänglichkeit des Lerninhaltes gefragt und eine Methodenanalyse knapp skizziert, blieb aber hinsichtlich der eigentlichen Organisation und Steuerung der Lehr- und Lernprozesse im Unterricht absolut unbestimmt. Diese Kritik gilt in abgeschwächter Form auch für die ›kritisch-konstruktive Didaktik‹ und das in 5.2.1.2 vorgestellte Perspektivschema. Im Gegensatz zur Didaktik ›im engeren Sinne‹ versucht Heimanns Didaktikansatz Unterricht als Ganzes zu erfassen. Heimanns Didaktik ist also im Vergleich zu Klafkis Ansatz eine Didaktik ›im weiteren Sinne‹.

Heimann führte den Begriff ›lerntheoretisch‹ in »Abweichung vom psychologischen Sprachgebrauch« für jene Didaktikpositionen ein, die die Gesamtheit der Lehr- und Lernvorgänge im Unterricht in den Fokus ihrer didaktischen Bemühungen stellten.[25] Als sich in der Folgezeit der Begriff ›*Lern*theorie‹ in seiner psychologischen Bedeutung durchsetzte, wählte Wolfgang Schulz den Begriff ›*lehr*theoretische Didaktik‹. Dies sollte der Tatsache gerecht werden, dass das Lehren im Mittelpunkt steht. Da Paul Heimann, Gunter Otto (ein weiterer Mitstreiter für dieses Modell) und Wolfgang Schulz in Berlin lehrten, etablierten sich daneben die Begriffe ›Berliner Modell‹ und ›Berliner Didaktik‹. Nicht durchgesetzt hat sich dagegen der Begriff ›unterrichtstheoretische Didaktik‹[26], obwohl dies der Didaktikvorstellung Heimanns weitgehend entsprach. Da Schulz und Otto (nach Heimanns Tod die hervorragendsten Vertreter dieses Modells) später nicht mehr in Berlin, sondern in Hamburg lehrten, wurde in der Weiterentwicklung aus dem ›Berliner Modell‹ das ›Hamburger Modell‹.

5.2.2.1 ›Berliner Didaktik‹

Heimann geht von der Unterrichtspraxis aus. Sein Ansatz ist darauf gerichtet, allgemeine Strukturen, die unabhängig von der jeweiligen Ausgestaltung des konkreten Unterrichts nachweisbar sind, zu erfassen und zu analysieren. Sein Ziel ist es, ein Instrumentarium zu schaffen, das eine rationale Betrachtung von Unterricht auf einer empirischen Basis erlaubt. Dies setzt die Beobachtung konkreten Unterrichts voraus. In einer bestechend einfachen Formulierung fasst Paul Heimann seine Position zusammen:

Im Unterricht geht es um die »Beantwortung folgender Grundfragen:

1. In welcher *Absicht* tue ich etwas?
2. *Was* bringe ich in den Horizont der Kinder?
3. *Wie* tue ich das?
4. Mit welchen *Mitteln* verwirkliche ich das?
5. An *wen* vermittele ich das?
6. In welcher *Situation* vermittle ich das?«[27]

Wolfgang Schulz beschreibt im Anschluss an Heimann den Zusammenhang wie folgt: »Mindestens *sechs* Momente konstituieren in ihrem Zusammenwirken Unterricht als absichtsvoll pädagogisches Geschehen: Die pädagogischen *Intentionen* (Absichten), die *Themen* des Unterrichts (Inhalte, Ge-

genstände), mit denen die Absichten verfolgt werden, die *Methoden* (Verfahren), die zur Bewältigung von Intentionen und Themen dienen sollen, schließlich die *Medien* (Mittel) der Verständigung zwischen den am Unterricht Beteiligten [...] Bei diesen Entscheidungen [ist vorauszusetzen; W. T.], daß die am Unterricht beteiligten *Menschen* und daß die *Gesellschaft*, in der er stattfindet [...] gegeben sind.«[28]

Zwei Gegenstandsfelder sind voneinander zu unterscheiden:

- Es handelt sich um den Bereich, in dem Unterrichtsentscheidungen getroffen werden müssen (Entscheidungsfeld)

- und um den Bereich der vorfindbaren Bedingungen des Unterrichts (Bedingungsfeld).

Bedingungsfeld	1. anthropogene Bedingungen
	2. soziale, situative, kulturelle Bedingungen
Entscheidungsfeld	3. Intentionen
	4. Inhalte
	5. Methoden
	6. Medien

Tabelle 1: Strukturmomente der lerntheoretischen Didaktik (›Berliner Modell‹)

Anthropogene Voraussetzungen
Unterricht findet immer unter bestimmten Bedingungen statt. Kinder bringen u. a. ihre unterschiedlichen Lernvoraussetzungen, die Lehrenden bringen u. a. ihre unterschiedliche Lehrfähigkeit ein.

Soziale, situative, kulturelle Voraussetzungen
Hier denken die Autoren des ›Berliner Modells‹ an die unterschiedlichen Voraussetzungen, die sich z. B. aus der Größe und Zusammensetzung der Lerngruppe ergeben können. Aber auch politische, ökonomische und ›gesamtgesellschaftliche‹ Trends und Stimmungen bilden einen Voraussetzungsrahmen, der Unterricht nicht unbeeinflusst lässt und der daher als Bedingung schulischer Lernprozesse reflektiert werden muss.

Intentionalität
Bei unterrichtlichen Aktivitäten werden immer kognitive, emotionale und pragmatische Gesichtspunkte berührt. Daher unterscheidet die Berliner Didaktik drei unterschiedliche Dimensionen, die sich auf drei unterschiedlichen Qualitätsstufen realisieren können (Anbahnung, Entfaltung, Gestaltung).

Thematik
Thematik und Inhaltlichkeit lassen sich in Lehrplänen, Schulbüchern etc. finden. Als Grundformen, in denen sich das Inhaltliche des Unterrichts präsentiert, nennt Heimann *Wissenschaften, Techniken* und *Pragmata.* »Ein Beispiel ist der Deutschunterricht, in dem so Unterschiedliches wie die Wissenschaft der Literaturgeschichte, Techniken wie die grammatische Schulung, Pragmata wie [...] das selbstgefertigte Poem in eins zusammenfallen.«[29]

Methodik
Schulz nennt für die methodische Strukturierung folgende Bereiche:

- Methodenkonzeptionen
- Artikulationsschemata
- Sozialformen
- Aktionsformen des Lehrens
- Urteilsformen.

Medien
Medien können einerseits dazu dienen, Intentionen, Themen und Verfahren zu transportieren. Andererseits bleiben durch die Umsetzung eines Inhalts in ein Medium die Intentionalität, die Thematik und die Methodik nicht unbeeinflusst.

Reflexionsstufen
Die ›Berliner Didaktik‹ unterscheidet zwischen zwei aufeinander folgenden Reflexionsstufen.

- Die erste (bislang behandelte) Reflexionsstufe untersucht die Konstruktion von Unterricht (Bedingungsfelder, Entscheidungsfelder),

- die zweite Reflexionsstufe (Faktorenanalyse) soll es ermöglichen, die getroffenen Entscheidungen kritisch auf ihr Zustandekommen zu hinterfragen.

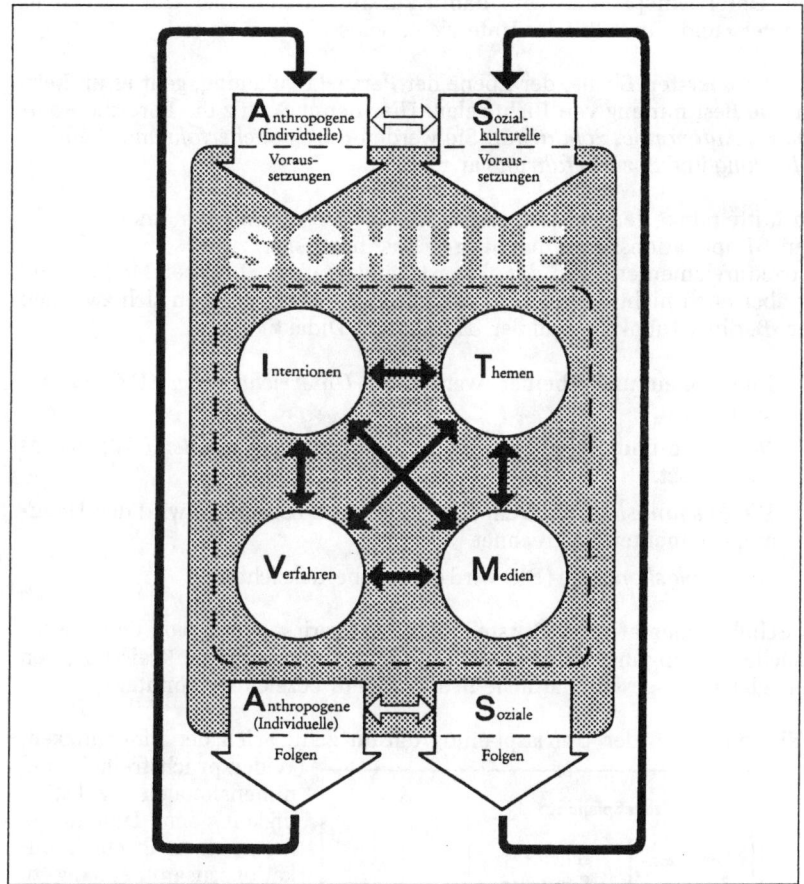

Strukturschema 8: Strukturierung der lern-/lehrtheoretischen Didaktik (›Berliner Modell‹)[30]

5.2.2.2   ›Hamburger Didaktik‹

Wolfgang Schulz hat die ›lern-/lehrtheoretische Didaktik‹ zum ›Hamburger Modell‹ weiterentwickelt. Im Vordergrund steht nun stärker die Unterrichtsplanung, die als langfristige *Perspektivplanung*, mittelfristige *Umrissplanung* und kurzfristige *Prozessplanung* beschrieben wird. Das ist zunächst nicht sehr spektakulär: ›Stoffverteilungspläne‹ haben Lehrerinnen und Lehrer schon immer längerfristig angelegt und diese von der täglichen Vorbereitungsarbeit unterschieden. Neu ist, dass Schulz bei allen Planungstätigkeiten Schülerinnen und Schüler sowie deren Eltern einbezogen wissen will. Unterrichtsplanung wird damit zur Interaktion aller Unterrichtsteilnehmer »und damit Teil des Unterrichts selbst«.[31]

Auf der obersten Ebene, der Ebene der Perspektivplanung, geht es im Kern um die Bestimmung von Richtzielen. Hier nennt Schulz die Bereiche *Kompetenz, Autonomie, Solidarität*. Sie werden durch *Sacherfahrung, Gefühlserfahrung* und *Sozialerfahrung* angebahnt.

Im Mittelpunkt der Umrissplanung stehen vier ›Handlungmomente‹ in ihrem ›Implikationszusammenhang‹. Das hört sich zwar sehr nach den ›Strukturelementen‹ und der ›Interdependenz‹ des ›Berliner Modells‹ an, ist aber doch nicht das Gleiche. Welche Differenzen ergeben sich zwischen der ›Berliner Didaktik‹ und der ›Hamburger Didaktik‹?

- Intentionen und Themen werden zu *Unterrichtszielen* (UZ) zusammengefasst.

- Methoden und Medien werden zu *Vermittlungsvariablen* (VV) zusammengefasst.

- Die *Ausgangslage* (AL) der Lehrenden und Lernenden wird den Handlungsmomenten zugerechnet.

- Die *Erfolgskontrolle* (EK) wird explizit berücksichtigt.

In Schulz' schematischer Darstellung wird Umrissplanung von den institutionellen Bedingungen umrahmt, um die sich ein weiterer Kreis legt, den man global als ›gesellschaftliche Bedingungen‹ bezeichnen könnte.

Während es bei der Umrissplanung darum geht, »sich der Eindeutigkeit, Widerspruchsfreiheit und dimensionalen Vollständigkeit der Handlungsmomente in ihrem Implikationszusammenhang zu versichern«, geht es bei der Prozessplanung um die Reihenfolge der Teilziele.[32] Hier müssen die konkreten Lehr-Lernziele, Hilfen, Kontrollen und Alternativen erörtert und vereinbart werden. Dies schließt ggf. auch eine Prozesskorrektur mit ein.

Prozeßplanung		Planungsvarianten
Lehr-Lern-Ziel 1	Hilfen + Kontrollen	
Lehr-Lern-Ziel 2	Hilfen + Kontrollen	
Lehr-Lern-Ziel 3	Hilfen + Kontrollen	

Strukturschema 9: Prozessplanung im ›Hamburger Modell‹ (Schulz 1980, 163)

Schulz hat auch sein weiterentwickeltes Modell in Form eines Struktur-
schemas dargestellt. Obwohl der innere Kern zunächst dem Modell der Berliner Didaktik zu gleichen scheint, sind hier doch deutliche Veränderungen
vorgenommen worden – mehr als es auf dem ersten Blick erscheint.

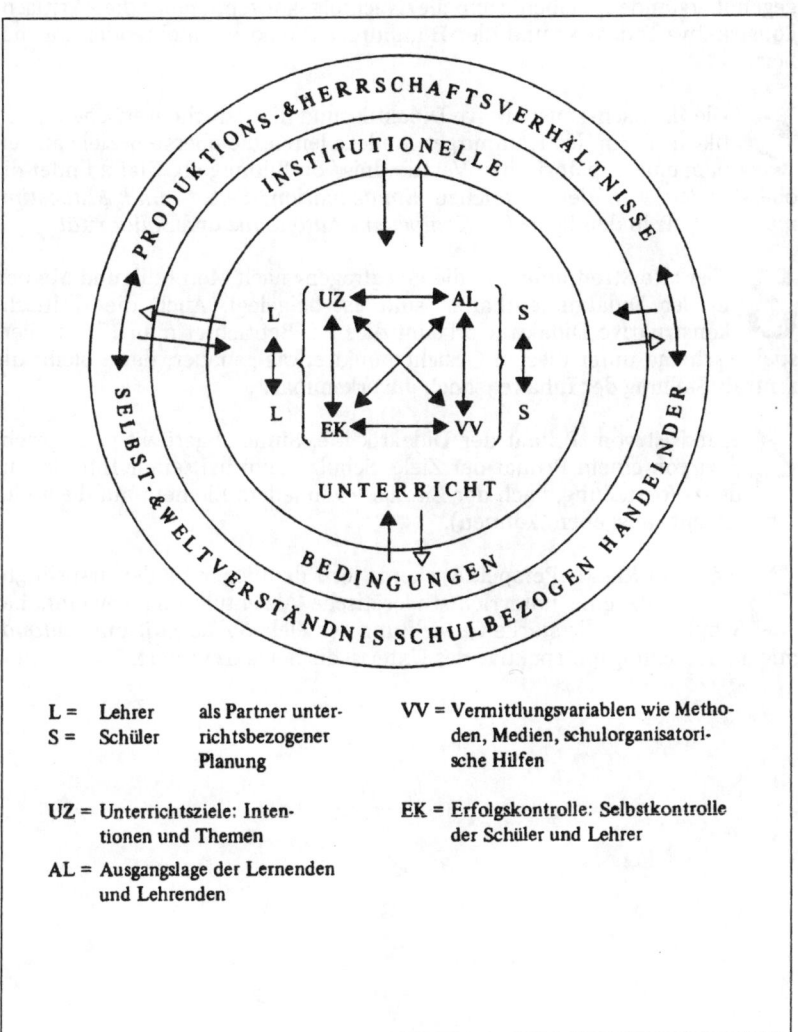

L =   Lehrer   als Partner unter-

S =   Schüler   richtsbezogener
                   Planung

UZ = Unterrichtsziele: Inten-
     tionen und Themen

AL = Ausgangslage der Lernenden
     und Lehrenden

VV = Vermittlungsvariablen wie Metho-
     den, Medien, schulorganisatori-
     sche Hilfen

EK = Erfolgskontrolle: Selbstkontrolle
     der Schüler und Lehrer

Strukturschema 10: Handlungsmomente didaktischen Planens (Schulz 1981, 82)

5.3   Resümee

1 Während sich die ›bildungstheoretische Didaktik‹ in der Ausformung als ›Didaktische Analyse‹ und die ›lerntheoretische Didaktik‹ in der Ausformung als ›Berliner Modell‹ noch relativ deutlich antipodisch gegenüberstanden, haben sich die Nachfolgekonzeptionen, die ›kritisch-konstruktive Didaktik‹ und die ›Hamburger Didaktik‹, aneinander angenähert.

2 Die ›kritisch-konstruktive Didaktik‹ und die ›lehrtheoretische Didaktik‹ in Form des Hamburger Modells leiten die obersten Ziele aus einem emanzipatorischen Verständnis von Bildung ab. Klafki findet die obersten Ziele in den Bereichen *Emanzipation, Selbst- und Mitbestimmung*, Schulz in den Begriffen *Kompetenz, Autonomie* und *Solidarität*.

3 Der alte Streitpunkt, ob die ›Wegfragen‹ nach Methodik und Medien in der Didaktik enthalten sind, ist beigelegt. Auch die ›kritisch-konstruktive Didaktik‹ erkennt dies an. Betrachtet man Klafkis Perspektivschema unter diesem Gesichtspunkt etwas genauer, dann bleibt die zentrale Stellung der Inhalte jedoch unverkennbar.

4 Klafki ist vom Primat der Didaktik i. e. Sinne abgerückt und spricht jetzt von einem Primat der Ziele. Schulz bleibt bei seiner Interdependenz-Vorstellung, nach der Einflüsse von jedem Element auf die anderen Elemente ausgehen (können).

5 Während Klafkis Perspektivschema jetzt deutlicher als der ursprüngliche Ansatz eine unterrichtstheoretische Akzentuierung gewinnt, hat Schulz durch die starke Gewichtung der Ziele *Solidarität* und *Autonomie* die Erziehungsperspektive des Unterrichts neu akzentuiert.

Anmerkungen

1   Kron, Friedrich: Grundwissen Didaktik. München, Basel: Reinhardt 1993, 40.
2   Vgl. Kron a. a. O. Dort finden sich sieben weitere Ableitungen oder Wortbildungen, die allesamt eher auf den Bereich des Lehrens verweisen.
3   Vgl. zum Folgenden Klafki, Wolfgang: Artikel ›Didaktik‹ . In: Neues Pädagogisches Lexikon 1971, Sp. 225; zit. n. Kron, a. a. O., 42 ff.
4   In Anlehnung an: Memmert, Wolfgang: Didaktik in Grafiken und Tabellen. 3., verb. u. erw. Aufl. Bad Heilbrunn/Obb.: Klinkhardt 1983
    und in Anlehnung an: Kron a. a. O., 43.
5   Dolch, Josef: Grundbegriffe der pädagogischen Fachsprache. 1952. Beiheft V zu den Blättern für Lehrerfortbildung. Nürnberg: Verlag die Egge 1952, 40. (6. verb. Aufl. mit viersprachigem Register. München: Ehrenwirth 1965, 45).
6   Vgl. Meyer, Hilbert: Türklinkendidaktik. Aufsätze zur Didaktik, Methodik und Schulenwicklung. Berlin: Cornelsen 2001, 12. [Herv. von mir W. T.] (Aus meiner Sicht hat dies Auswirkung auf den Begriff der ›Didaktik‹ und auf den Begriff ›Wissenschaft‹.)
7   Kron a. a. O. , 44.
8   Kaiser, Arnim/Kaiser, Ruth: Studienbuch der Pädagogik. Grund- und Prüfungswissen. 9. Aufl. Berlin: Cornelsen Scriptor 1998, 280 ff.
9   Heursen, Gerd: Allgemeine Didaktik. In: Enzyklopädie Erziehungswissenschaft. Band 3. Ziele und Inhalte der Erziehung und des Unterrichts. Hrg. Hans-Dieter Haller/Hilbert Meyer. Unter Mitarbeit von Thomas Hanisch. Stuttgart, Dresden: Klett 1995, 407.
10 Schäfer, Karl-Heinz: Didaktik. In: Lexikon der Pädagogik. Neue Ausgabe in vier Bänden. Band 1. Hrg. vom Willmann-Institut. Freiburg, Basel: Herder 1970, 298; Herv. und Gliederungspunkte v. mir.
11 Dolch, Josef: Grundbegriffe der pädagogischen Fachsprache 45.
12 Zugespitzt formuliert handelt es sich also um eine Frage mit gleicher Bedeutung wie etwa die, ob man die Kartoffel zum Gemüse zählt oder nicht.
13 Vgl. Blankertz, Herwig: Theorien und Modelle der Didaktik. 14. Aufl. München: Juventa 2000.
14 Kron a. a. O. , 117.; Vervollständigt werden könnte die Liste inzwischen z. B. mit: Meyer, Meinert A./Reinartz, Andrea (Hrsg.): Bildungsgangdidaktik. Denkanstöße für pädagogische Forschung und schulische Praxis. Opladen: Leske + Budrich 1998.
15 Aschersleben, Karl: Didaktik. Stuttgart: Kohlhammer 1983, 62.
16 Kiper, Hanna: Einführung in die Schulpädagogik. Weinheim und Basel: Beltz 2001, 122.
17 Vgl. Klafki, Wolfgang: Die bildungstheoretische Didaktik im Rahmen kritisch konstruktiver Erziehungswissenschaft. In: Didaktische Theorien. Hrg. Herbert Gudjons, Rita Teske, Rainer Winkel. Hamburg: Bergmann + Helbig 1980, 11-26.
    Vgl. Klafki, Wolfgang: Neue Studien zur Bildungstheorie und Didaktik. Zeitgemäße Allgemeinbildung und kritisch-konstruktive Didaktik. 5. Aufl. Weinheim und Basel: Beltz 1996.
18 Klafki, Wolfgang: Die didaktische Analyse als Kern der Unterrichtsvorbereitung. In: Didaktische Analyse [1958]. Auswahl. Grundlegende Aufsätze aus der Zeitschrift Die Deutsche Schule. Reihe A 1. 8. Aufl. Hrg. Heinrich Roth/Alfred Blumenthal. Hannover: Schroedel 1964, 12; Herv. v. mir.
19 Klafki, Wolfgang: Von der bildungstheoretischen Didaktik zu einem kritisch-konstruktiven Bildungsbegriff – Dialog mit Wolfgang Klafki. In: Didaktische

Trends. Dialoge mit Allgemeindidaktikern u. Fachdidaktikern. Hrg. Wolfgang Born/Gunter Otto/H. Blankertz u.a. München, Wien, Baltimore: Urban und Schwarzenberg 1978, 49-83.

20 Peterßen, Wilhelm, H.: Handbuch Unterrichtsplanung. Grundfragen, Modelle, Stufen, Dimensionen. 8. überarb. und erw. Aufl. München: Oldenbourg 1998, 62-63; die eingeschlossenen Klafki-Zitate zit. n. Peterßen.

21 Klafki, Wolfgang: Neue Studien zur Bildungstheorie und Didaktik. Zeitgemäße Allgemeinbildung und kritisch-konstruktive Didaktik. 5. Aufl. Weinheim und Basel: Beltz 1996, 270-284.

22 Klafki bezeichnet das Schema als »(Vorläufiges) Perspektivschema zur Unterrichtsplanung«. Die Abbildung wurde im Sinne eines Zitates übernommen aus: Peterßen [8]1998, 63. Die Abb. entspricht der Vorlage Klafkis (FN 17, 14). Allerdings sind bei Klafki im Komplex 7 folgende Begriffe durch Fett- bzw. Kursivdruck hervorgehoben: ›Lehr-Lern-Prozeßstruktur‹, ›Interaktionsstruktur‹, ›Medium sozialer Lernprozesse‹.

23 Klafki, Wolfgang: Neue Studien 116 ff.

24 Klafki, Wolfgang: Die bildungstheoretische Didaktik, 23.

25 Heimann, Paul: Didaktik als Theorie und Lehre (1962). In: Allgemeine Didaktik, Fachdidaktik, Fachwissenschaft. Ausgewählte Beiträge aus den Jahren 1953 bis 1969. Hrg. Detlef C. Kochan. Darmstadt: Wissenschaftliche Buchgesellschaft 1970, 116.

26 Schäfer in Lexikon der Pädagogik (1970) a. a. O.

27 Heimann, Paul: Didaktische Grundbegriffe [1961]. In: Paul Heimann. Didaktik als Unterrichtswissenschaft. Hrg. Kersten Reich/Helga Thomas. Stuttgart: Klett 1976, 105 f.

28 Schulz, Wolfgang: Unterricht – Analyse und Planung. In: Unterricht – Analyse und Planung. Hrg. Paul Heimann, Gunter Otto, Wolfgang Schulz. Hannover: Schroedel 1965, 23.

29 Heimann, Didaktik als Theorie und Lehre a. a. O. 129.

30 Schulz, Wolfgang: Aufgaben der Didaktik. Eine Darstellung aus lehrtheoretischer Sicht. In: Allgemeine Didaktik, Fachdidaktik, Fachwissenschaft. Ausgewählte Beiträge aus den Jahren 1953 bis 1969. Hrg. Detlef C. Kochan. Darmstadt: Wissenschaftliche Buchgesellschaft 1970, 414.

31 Schulz, Wolfgang: Unterrichtsplanung. Mit Materialien aus Unterrichtsfächern. 3. erw. Aufl. München, Wien, Baltimore: Urban & Schwarzenberg 1981, 12.

32 Schulz, Wolfgang: Unterrichtsplanung a. a. O. 162.

6 Zwischenruf: Wo bleiben die Prinzipien?

Die vorhergehenden Abschnitte beziehen sich auf Didaktische Modelle, erfassen aber noch nicht alle Perspektiven und Aspekte der Praxis. Seit mehr als einem Jahrzehnt (manchmal unter expliziter Bezugnahme auf die Reformpädagogik) konzentriert sich die Praxisdiskussion eher auf Begriffe wie ›offener Unterricht‹, ›handlungsorientierter Unterricht‹, ›Freiarbeit‹, ›Wochenplanarbeit‹, ›Stationenlernen‹ usw. Die Begrifflichkeit ist weniger festgelegt als bei den eher theorieorientierten Modellen der Didaktik. Versucht man, die aktuellen Ansätze in der Theorie zu verorten, so kann dies unter Kategorien wie ›Unterrichtskonzeptionen‹, ›Unterrichtskonzepte‹, ›Unterrichtsprinzipien‹, ›Unterrichtsgrundsätze‹ etc. erfolgen. Natürlich gibt es eine gewisse Nähe zu didaktischen Modellen – auch bei neuen Ansätzen gibt es schließlich Bedingungen, Entscheidungen, Primate und/oder Interdependenzen. Aber die aktuellen Umsetzungsformen sind wegen ihres teilweise noch experimentellen Charakters weniger festgelegt und weit flexibler.

6.1 Didaktische Prinzipien

Obwohl sich die Begriffe weder in der Literatur noch in der Praxis eindeutig voneinander trennen lassen, ist es sinnvoll, ein paar Überlegungen zur Begrifflichkeit vorauszuschicken. Wir betrachten zunächst Unterrichtsprinzipien und dann Unterrichtskonzepte.

Unterrichtsprinzipien (didaktische Prinzipien/Unterrichtsgrundsätze) »sind relativ allgemeine Aussagen, in knappster Form ausgedrückte Handlungsanweisungen, deren tiefere Bedeutung als bekannt vorausgesetzt wird und die weitreichende, nicht notwendig absolute Geltung für bestimmte Handlungsbereiche beanspruchen.«[1]

An einem Beispiel aus einer Veröffentlichung aus den Siebzigerjahren verdeutlicht:[2]

Grundsatz	Imperativ	Didaktisches Prinzip
Grundsatz der Schüleraktivität	Trage der Schüleraktivität Rechnung!	Aktivitätsprinzip
Grundsatz der Individualisierung	Unterrichte kind- und stufengemäß!	Prinzip der Kindgemäßheit
...	...	...

Es ist natürlich eine Fiktion, von einem allgemeinen Konsens über die ›Prinzipien‹ auszugehen. Betrachtet man die in der Literatur von unterschiedlichen Autoren veröffentlichten Prinzipien, dann gibt es nur zum Teil Übereinstimmungen darüber, auf welchen Prinzipien Unterricht aufbauen soll. Zur Verdeutlichung zeigt Tabelle 5 eine Auswahl von Prinzipien. Die Tabelle hat nur Beispielcharakter und zielt weder für die genannten Autoren noch überhaupt auf Vollständigkeit ab:

Holstein/Büttner	Kaiser/Kaiser	Glöckel	Jank/Meyer
Anschauungsprinzip	Situationsbezogenheit	Sachgemäßheit	Handlungsorientierung
Aktivitätsprinzip	Handlungsorientierung	Schülergemäßheit	Offenheit
Lebensnähe	Wissenschaftsorientierung	Zielgemäßheit	Erfahrungsbezug
Kindgemäßheit	das Exemplarische	Anschauung	Selbsttätigkeit
Erfolgssicherung	Prinzip der Struktur	Selbsttätigkeit	Ganzheitlichkeit
		weitere...	weitere...

Tabelle 2: Auswahl von Unterrichtsprinzipien (didaktischen Prinzipien) bei Holstein/Büttner[3], Kaiser/Kaiser[4], Glöckel[5], Jank/Meyer[6]

So grundlegend allgemeine Unterrichtsprinzipien auf der einen Seite zu sein scheinen, so wenig ist auf der anderen Seite ihre Problematik zu übersehen. Aus der Zahl der möglichen Einwände greife ich drei besonders wichtige heraus[7]:

• Unterrichtsprinzipien sind ideologieanfällig:

Was inhaltlich unter einem Unterrichtsprinzip zu verstehen ist, wird unter den jeweiligen politisch-gesellschaftlichen Bedingungen definiert: ›Selbstständigkeit‹ dürfte unter den Bedingungen des Kaiserreiches oder der Nazizeit jeweils etwas anderes gemeint haben als im Nachkriegsdeutschland. Aber es bedeutet möglicherweise auch bei Glöckel etwas anderes als beispielsweise bei Jank/Meyer.

• Die Zahl der Unterrichtsprinzipien ist nicht begrenzt:

Wenn die Prinzipien der ›Sinnlichkeit‹, der ›Abstraktheit‹, der ›physischen Anwesenheit‹ oder der ›Erfolgsmaximierung‹ etc. argumentativ gut begründet und gesellschaftlich akzeptiert würden, was stände ihnen jeweils im Wege?

• Didaktische Prinzipien haben einen intuitiven, rational wenig ausdifferenzierten Anspruch:

Sie können stimmig und überzeugend sein – dennoch haben sie meist wenig oder keinen unmittelbaren Handlungswert: Woran man einen kindgemäßen Text erkennt, können selbst Fibel- oder Lesebuchautoren nicht eindeutig definieren. (Ein vergleichender Blick in zwei beliebige Grundschullesebücher belegt das.)

6.2   Didaktische Konzeptionen

Unterrichtsprinzipien konkretisieren sich in der Praxis oft in ›Unterrichts-konzepten‹ (didaktische Konzeptionen). Unterrichtskonzepte haben ebenfalls keinen besonders hohen Theorieanspruch. Obwohl sie sich in der Regel auch bestens theoretisch begründen lassen, sind sie oft relativ spontane Versuche, auf neuartige Probleme zu reagieren. Dennoch sollte man sie nicht nur als Maßnahmen sehen, zu denen sich die Lehrenden aufgrund der veränderten Kindheit und veränderter Kinder gezwungen sehen. Sie wurden überwiegend schon in der Reformpädagogik diskutiert und von den Reformpädagogen umgesetzt – obwohl ›Kindheit‹ seinerzeit in der Pädagogik noch ohne die Beigabe ›verändert‹ diskutiert werden konnte.

Jank/Meyer verstehen Unterrichtskonzepte als »*Gesamtorientierungen didaktisch-methodischen Handelns*, in denen ein begründeter Zusammenhang von Ziel-, Inhalts- und Methodenentscheidungen hergestellt wird.« Folgende (im Prinzip nicht abschließbare) Reihe von Unterrichtskonzepten werden von ihnen genannt: Projektunterricht, handlungsorientierter Unterricht, offener Unterricht, erfahrungsbezogener Unterricht, kommunikativer Unterricht, exemplarisches Lehren und Lernen, problemlösender Unterricht, wissenschaftsorientierter Unterricht, lernzielorientierter Unterricht, programmierte Unterweisung.[8]

Mit Ausnahme der letzten drei (wissenschaftsorientierter Unterricht, lernzielorientierter Unterricht, programmierte Unterweisung) sind die übrigen Unterrichtskonzepte als Formen einer ›Öffnung des Unterrichts‹ einzustufen. Sie stehen in einem emanzipatorischen Begründungszusammenhang und streben Partizipation von Schülerinnen und Schülern bei der Auswahl von Zielen, Inhalten und Methoden sowie eine stärkere Individualisierung an. Aktuelle Unterrichtskonzepte intendieren mehrheitlich auch ein verändertes Verhältnis von Lehreraktivität und Schüleraktivität und zielen auf eine Stärkung von Aktivierung, Selbststeuerung und Selbstverantwortung der Lernenden. Das sind traditionsreiche pädagogische Ziele, die dennoch auch als Antwort der Schule auf die veränderten Lebensbedingungen von Kindern und Jugendlichen heute verstanden werden können. Obwohl es dabei offensichtliche ›Wellen‹ gibt, sollte man sich hüten, sie einfach als Modeerscheinungen abzutun. Lehrerinnen und Lehrer sind auch aufgerufen, am Innovationsprozess mitzuwirken (vgl. 3.3).

„Selbständigkeiten wie Kommunitäten*, Handlungsabläufe wie Metakommunikation, Pflichten wie Freiheiten, Fremdwie Mitbestimmung müssen neuen Balancen zugeführt werden. Dies geschieht heute unter der Chiffre Offener Unterricht."

Bönsch, Manfred: Didaktisches Minimum 1996, 92.

* Gemeinschaft, Gemeinsamkeit, Gemeingut

Bönsch hat mit der nachfolgenden Graphik geschlossenen Unterricht und Teilkonzepte von offenem Unterricht, wie er Ihnen in Ihrer Praktikumsschule wahrscheinlich in der einen oder anderen Form auch begegnen wird, gegenübergestellt (s. Strukturschema 11).[9]

6.3 Resümee

1 Didaktische Prinzipien (Unterrichtsgrundsätze, Unterrichtsprinzipien) sind Leitlinien unterrichtlichen Handelns, die meist keinen expliziten Theorierahmen haben, aber über eine hohe Plausibilität und allgemeine Zustimmung verfügen.

2 Didaktische Konzeptionen (Unterrichtskonzeptionen) entstehen häufig in der Praxis als Antwort auf Problemlagen von Schule und Unterricht. Sie beziehen sich meist auf strukturell-organisatorische wie auch auf methodische Veränderungen.

3 Viele der in den letzten Jahren besonders häufig diskutierten Unterrichtskonzepte lassen sich in den Kontext der Öffnung von Unterricht und Schule einordnen. Sie zielen auf eine Veränderung der Lehr- und Lernstrukturen, auf mehr Partizipation und Selbststeuerung durch die Kinder.

4 Unterrichtsprinzipien und Unterrichtskonzeptionen unterliegen häufig bestimmten ›Wellen‹ und sind prinzipiell ideologieanfällig. Sie sollten daher immer auch daraufhin befragt werden, ob sie mit den obersten Leitzielen schulischer Bildung vereinbar sind.

Anmerkungen

1 Glöckel, Hans: Vom Unterricht. 2. durchges. und erw. Aufl. Bad Heilbrunn: Klinkhardt 1992, 273.
2 Hollstein, Hermann/Büttner, Heinz: Die Erfassung von Unterricht durch Analyse. Ratingen, Kastellaun, Düsseldorf: Henn 1972, 34.
3 Hollstein/Büttner a. a. O. 34.
4 Kaiser, Arnim/Kaiser, Ruth: Studienbuch der Pädagogik. Grund- und Prüfungswissen. 9. Aufl. Berlin: Cornelsen Scriptor 1998, 284 ff.
5 Glöckel, Hans: Vom Unterricht, a. a. O. 276 ff.
6 Jank, Werner/Meyer, Hilbert: Didaktische Modelle. Berlin: Cornelsen Scriptor 1991 [Nachdr. 1997], 289 ff.
7 Vgl. zu weiteren Problembereichen: Glöckel a. a. O. 306 ff.
8 Jank, Werner/Meyer, Hilbert: Didaktische Modelle a. a. O. 294 ff.
9 Bönsch, Manfred: Didaktisches Minimum. Prüfungsanforderungen für LehramtsstudentInnen. Neuwied, Kriftel, Berlin: Luchterhand 1996, 48.

Der Gesamtrahmen: Unterricht im Alltag
Geschlossener Unterricht - Offener Unterricht (4 Teilkonzepte)

Lehrerorientierter, vermittelnder Unterricht	Wochenplanarbeit	Freie Arbeit	Wahldifferenzierter Unterricht	Projektarbeit
- von der Lehrperson geplant, gesteuert, ausgeführt und ausgewertet - mit Phasen der individuellen Arbeit, Partnerarbeit, Gruppenarbeit (Binnendifferenzierung) aufgelockert	von der Lehrperson vorgegeben -- Mathematik -- Deutsch -- Sachunterricht - Es besteht ein offener Zeitrahmen (2 oder mehr Stunden in der Woche) - SchülerInnen können Reihenfolge, Zeitumfang, Kooperation, selbst bestimmen - Die Lehrperson kontrolliert die ausgeführten Arbeiten	- die SchülerInnen können in einem vorgegebenen Zeitrahmen (1 oder mehr Stunden in der Woche) Art und Inhalt selbst bestimmen -- spielen -- lesen -- Übungen -- kleine Projekte -- Materialangebote laden ein Die Tätigkeiten bleiben in der Verantwortung der SchülerInnen	- Das Konzept gilt je für 1 Unterrichtseinheit - Es besteht aus 3 Phasen. -- Strukturierungsphase Die Thematik wird entfaltet -- Differenzierungsphase Die SchülerInnen können sich Teilthemen zur selbstständigen Bearbeitung wählen. Sie arbeiten an Teilthemen -- Vermittlungs- und Reflexionsphase Es wird berichtet, ergänzt, über die Arbeit reflektiert	einmal im Schuljahr oder mehrere Male werden Projektwochen in Klassen oder gemischten Gruppen durchgeführt - nach vorgegebenen Themen (wie Menschen leben z.B.) - nach konkreten Anlässen - nach "gefundenen" Themen Es kann sich auch um einzelne Projekttage handeln.

vermittelnder Unterricht ←→ Arrangements von Lernsituationen ←→ Handlungsorientierter Unterricht

Strukturschema 11: Schrittweise Öffnung von Unterricht (Bönsch 1996, 48)

6.4 Checkliste 4: Unterrichtsprinzipien und Unterrichtskonzepte

	Frage	Antwort
1	Welche Unterrichtsprinzipien konnte ich bislang beobachten?	
Indikatoren	Lehrer/innenverhalten:	
2	Welche Unterrichtsprinzipien will ich selbst einhalten?	
Indikatoren	Mein Verhalten:	
3	Welche Unterrichtskonzeption(en) konnte ich bislang beobachten?	
Beispiele	Umsetzung:	
4	Welche Unterrichtskonzeption(en) will ich selbst verfolgen?	
Beispiele	Umsetzung:	
5	Welche methodischen Handlungen will ich dabei favorisieren?	
Beispiele	Umsetzung:	

7 Wie plane ich Unterricht?

7.1 Ein Wort vorweg

Planung, Durchführung und Auswertung von Unterricht gehören zu den zentralen Tätigkeiten des Berufs. Daher ist es erforderlich, im Rahmen des Schulpraktikums auch erste Erfahrungen mit der selbstständigen Unterrichtsplanung zu sammeln.

Spötter sagen: ›Wer ausgiebig plant, irrt auf höherem Niveau.‹ Richtig an diesem Spruch ist zunächst einmal, dass alle Planungsentscheidungen immer nur vorläufigen Charakter haben. Denn Unterrichtsplanung unterscheidet sich vom Bauplan eines Ingenieurs: Was dieser plant, hat den Anspruch, Punkt für Punkt, schräubchen- und millimetergenau umgesetzt zu werden. Sein Plan nimmt die Realität 1:1 vorweg. Dagegen kann der reale Verlauf eines Unterrichtsprozesses durch Planung nur umrisshaft vorweggenommen werden – und der Unterricht ›läuft‹ am Ende vielleicht sogar gut, obwohl Sie sich von Ihrem Plan gelöst haben.

> „Wie kann der Lehrer [...] Bildungsprozesse vorausplanen? Er ist mit einem Vermittler vergleichbar, der zwei Unbekannte füreinander zu interessieren wünscht, weil er aus genauer Kenntnis beider weiß, daß sie einander viel zu sagen haben."
>
> *Heinrich Roth: Pädagogische Psychologie des Lehrens und Lernens. Hannover 1965, 124*

Alle Planungsannahmen und -entscheidungen des Lehrers schließen die Möglichkeit zum Irrtum und zur Fehlentscheidung ein. Daher sind zwei Einschränkungen vorab notwendig:

- Planung ist notwendigerweise unvollkommen.
- Die meisten Lehrerhandlungen sind Handlungen in Widersprüchen.

1 Unterricht ist ein komplexes, vielschichtiges Gebilde, daher wäre es unrealistisch anzunehmen, dass sich alle Probleme durch eine gute Vorbereitung auflösen oder vermeiden ließen. Was wissen wir wirklich über die Lernmöglichkeiten eines Kindes, über seine Interessen, sein Vorwissen, seine Lebensbedingungen? Was wissen wir im Voraus über den Gesundheitszustand, über die Laune eines Kindes, Störungen des Unterrichts? Wenn wir ehrlich sind: Wenig (und das ist noch geprahlt).

2 Das Handeln als Lehrperson ist ein Handeln in Widersprüchen. Auch auf diese Berufsperspektive sollten Sie im Schulpraktikum achten: ›Fordern vs. Fördern‹, ›Integration vs. Selektion‹, ›Kindorientierung vs. Wissenschaftsorientierung‹, ›Individualisierung vs. Lernen in der Gruppe‹, ›Lebensbezug vs. Fachbezug‹ und so weiter ... Jedes dieser Perspektivenpaare ist ein Widerspruch und dennoch sind die einzelnen Forderungen für sich genommen begründbar und legitim. Was immer Sie als Lehrerin oder Lehrer tun und oder lassen – es gibt fast immer einen Standpunkt, von dem aus Sie etwas anders hätten tun oder lassen sollen.

Dieses Dilemma gilt auch für die Unterrichtsplanung. Das bedeutet aber keineswegs, dass Unterrichtsplanung verzichtbar oder der Grad der Vorbereitung beliebig wären. Im Gegenteil: Als Unterrichtende müssen Sie sich wenigstens dessen versichern, was Sie im Voraus wissen *können*. Die Fähigkeit, auf Situationen einzugehen, stützt sich viel weniger auf Spontaneität und viel mehr auf Wissen, als manche zugeben wollen. Die Unterrichtspraxis eines ungenügend vorbereiteten Lehrers basiert vielleicht auf Routine. Die Unterrichtsversuche des ungenügend vorbereiteten Praktikanten basieren wegen fehlender Routine letztlich auf Ignoranz und mangelnder Achtung vor Kindern.

Da Unterrichtende fortlaufend höhere Denkakte zur Prozesssteuerung einbringen (analysieren, neue Elemente generieren und bewerten), sind sie auf Sachwissen und ein weites Vorverständnis der pädagogischen Situation angewiesen. Erst auf der Grundlage einer differenzierten Vorbereitung ergibt sich die Möglichkeit, flexibel zu reagieren. Dem Spott vom ›Irrtum auf höherem Niveau durch Vorbereitung‹ sollten Sie den Slogan ›Vorkenntnisse sind der erste Weg zur Besserung‹ entgegensetzen. Wer im Schulpraktikum eine Stunde vorbereitet, in der es um Äpfel geht, und angesichts des Glücksfalles, dass die Kinder (aufgeregt und hochmotiviert) in einem der halbierten Äpfel eine Larve entdecken, nicht mehr zu sagen hat, als dass in manchen Äpfeln ›Raupen‹[1] sitzen, weiß wahrscheinlich einfach nicht genug.

Wissen ist im Unterricht *nicht* Macht, aber Unwissenheit ist Ohnmacht. Was folgt daraus? Planen und denken Sie von vornherein in größeren Einheiten. Als Lehrerin oder Lehrer müssen Sie über mehr Möglichkeiten und Perspektiven verfügen, als eine im Detail geplante Unterrichtsstunde bietet. Professionelles Planen vollzieht sich langfristig in Form von Stoffverteilungsplänen, mittelfristig in Form von Unterrichtseinheiten und kurzfristig in Form der Planung einzelner Unterrichtsstunden. Wolfgang Schulz hat dafür die Begriffe

- Perspektivplanung,
- Umrissplanung und
- Prozessplanung

eingeführt.[2] Als Praktikantin oder Praktikant stehen Sie allerdings vor dem Dilemma, dass Sie im Wesentlichen nur an der Prozessplanung (Unterrichtsstunden) beteiligt sind. Nutzen Sie daher alle Möglichkeiten, sich über Umrissplanung und Perspektivplanung zu informieren.

7.2 Planungsmodelle

Unterrichtsplanung muss eine Vielzahl von Perspektiven, Aspekten und Dimensionen in den Blick nehmen, die miteinander verknüpft sind und sich in wechselseitiger Abhängigkeit voneinander entfalten. Als Planungsmodelle dienen in der Praxis nach wie vor die ›kritisch-konstruktive Didaktik‹ von Klafki und das Modell (die Modelle) der ›lern-/lehrtheoretischen Didaktik‹ von Heimann/Otto/Schulz – obwohl sie schon mehrere Jahrzehnte alt sind. Heimann hatte seine Didaktik-Konzeption ursprünglich durch die Beschreibung konkreten Unterrichts gewonnen. Nun hat sich zwar seit den Sechzigerjahren im Unterricht vieles verändert, aber diese Veränderungen sind bei Lichte betrachtet wenig revolutionär oder radikal. Nach wie vor geht es letztlich darum, Kindern beim Lernen zu helfen. Nach wie vor gibt es Schulen, Klassen, Unterrichtsziele und Unterrichtsinhalte usw. Was sich vor allem geändert hat, sind die Beziehungen zwischen Lehrenden und Lernenden: In diesem Bereich wird Kindern und Jugendlichen heute entschieden mehr Freiraum für selbstbestimmtes Lernen eingeräumt, als dies früher der Fall war.

Ich halte Heimanns Modell weiterhin für ›grund‹legend: Meiner Überzeugung nach sind die konstituierenden Merkmale von Unterricht umfassend und richtig beschrieben. (Dass man sie weiter ausdifferenzieren kann, steht dieser Aussage nicht entgegen.) Ferner gehe ich davon aus, dass sich Unterricht zwar graduell, aber nicht grundlegend gewandelt hat. Alle unterrichtsorientierten Modelle lehnen sich daher mehr oder weniger deutlich an Heimanns ursprünglicher Konzeption an. Auch Klafki hat seine Didaktik-Konzeption (bei Aufrechterhaltung der eigenen Perspektive) daran angenähert. In der Praxis werden daher die bildungstheoretische und die lerntheoretische Didaktik oft miteinander verknüpft und zusätzlich mit Aspekten anderer didaktischer Ansätze verbunden.

Im Folgenden sollen sieben Momente von Unterricht angesprochen werden. Die ersten sechs Momente sind bei jeder Unterrichtsplanung aktiv zu bedenken, während das siebte Moment fundamentalen Charakter hat und eine generelle Rahmung der jeweiligen Überlegungen zur Unterrichtsplanung darstellt:

• Unterricht ist alters- und entwicklungsorientiert.

Aufgrund der Tatsache, dass Unterricht mit Lernenden auf unterschiedlichen körperlichen, geistigen und emotionalen Entwicklungsniveaus zu tun hat, findet er immer unter bestimmten anthropogenen Voraussetzungen statt. Die Alters- und Entwicklungsorientierung ist meiner Meinung nach der unverzichtbare erste Filter, durch den alle anderen Momente betrachtet werden müssen. Sie ist ein Katalysator, der alle anderen Momente modifiziert, ohne sich selbst zu verändern.

- Unterricht ist beziehungsorientiert.

Alle Aktivitäten von Lehrenden und Lernenden sind eingebettet in Kommunikation und Beziehung.[3] Unterricht ist ohne Erziehung, Sozialisation und Enkulturation schlechterdings nicht denkbar. Beziehungen und Konfliktmanagement entfalten sich unter einer alters- und entwicklungsspezifischen Perspektive. Bedauerlicherweise wird die Beziehungsebene jedoch oft erst im Zusammenhang mit Störungen und Konflikten bewusst wahrgenommen.

- Unterricht ist zielorientiert.

Unterricht verfolgt immer Ziele – vor allem Entwicklungsziele, aber auch Ziele, die im organisatorisch-institutionellen Bereich liegen. Sowohl die Ziele der Lehrenden wie die Ziele der Lernenden werden alters- und entwicklungsspezifisch modifiziert. Dabei kann offen bleiben, ob der Unterricht überwiegend zielidentisch oder zieldifferent verläuft und in welchem Umfang die Lernenden an der Zielbestimmung beteiligt sind.

- Unterricht ist inhaltsorientiert.

Unterricht vollzieht und gestaltet sich an Inhalten. Die inhaltliche Dimension steht meist unangefochten im Mittelpunkt der Unterrichtsplanung. Umfang und Niveau der Inhalte unterliegen im Unterricht jeweils einer alters- und entwicklungsspezifischen Orientierung. Dabei kann offen bleiben, ob die Lernenden inhaltsidentisch oder inhaltsdifferent arbeiten und in welchem Umfang sie an der Inhaltsauswahl beteiligt werden.

- Unterricht ist an Strukturen orientiert.

Die Strukturierung von Unterricht ergibt sich aus der inhaltlichen Struktur, aus der methodischen Struktur, der organisatorischen Struktur und der zeitlichen Struktur. Die Strukturierung des Unterrichts in den genannten Dimensionen entfaltet sich nach alters- oder entwicklungsspezifischen Gesichtspunkten. Dabei kann offen bleiben, ob der Unterricht für alle Lernenden strukturidentisch oder strukturdifferent erfolgt und in welchem Maße die Lernenden auf die Strukturierung Einfluss nehmen können.

- Unterricht ist ergebnisorientiert.

Unterricht ist ein Prozess, der in unterschiedlichen Zieldimensionen auf Ergebnisse hin orientiert ist. Lehrende und Lernende bauen bei der Bestimmung von neuen Zielen auf den bisherigen Ergebnissen auf. Ergebnissicherung und Ergebniskontrolle sind alters- oder entwicklungsspezifisch. Dabei kann offen bleiben, ob ergebnisidentisches oder ergebnisdifferentes Lernen angestrebt wird und ob die Ergebniskontrolle als Selbstkontrolle oder als Fremdkontrolle erfolgt.

- Unterricht findet unter Rahmenbedingungen statt.

Diese sechs Momente des Unterrichts umreißen Bereiche, die auf Entscheidungen hin orientiert sind. Darüber hinaus gibt es Bedingungen, die Unterricht implizit bestimmen, über deren Präsenz und Wirkung sich Lehrerinnen und Lehrer häufig wenig Rechenschaft ablegen, weil sie sich der unmittelbaren Einflussnahme entziehen. Dies sind der gesellschaftliche, der biologische und der situative Kontext.

o   Gesellschaftlicher Kontext

Unterricht hat immer einen gesellschaftlich-politischen, sozialen und kulturellen Kontext. Er findet unter spezifischen Bedingungen statt. Das drückt sich im Aufbau des Schulsystems, der standortabhängigen sozialen Zusammensetzung von Lerngruppen oder in unterschiedlichen Gruppengrößen und Lehrmitteletats aus. (Dass Lehrkräfte in unterschiedlichen Schularten unterschiedlich bezahlt werden, daran haben wir uns ohnehin gewöhnt.) Lehrende und Lernende haben hierauf meist nur einen mittelbaren Einfluss durch politisches, gesellschaftliches, soziales oder kulturelles Engagement.

o   Physiologischer Kontext

Lehren und Lernen sind körperbasiert: Die Lehrenden und Lernenden sind physiologischen Rhythmen unterworfen. Sie haben bestimmte Bedürfnisse, ermüden, können erkranken, können Schmerzen haben und unterliegen daher Stimmungs- und Leistungsschwankungen. Die Faktoren selbst bleiben der Planung verschlossen. Das Bewusstsein der Existenz und Wirkung dieser Faktoren kann aber zu besserem Verständnis und zu einem humaneren Unterricht beitragen. Lehrende können durch eine bewusste Phaseneinteilung des Unterrichts und durch die Ermöglichung von selbstorganisiertem Lernen (Tagespläne, Wochenpläne, Freiarbeit etc.) diesem Aspekt mehr Beachtung einräumen.

o   Situativer Kontext

Situative Momente des Unterrichtsprozesses, der Organisation, des Schulsystems kommen hinzu: Unfreiwillige Komik, Trauer über einen plötzlichen Verlust, Unterbrechungen durch eine Ansage der Schulleitung, besondere Wetterlagen etc. sind wenig planbar und kaum vorhersehbar. Unter Umständen können sie dennoch eine verlaufsentscheidende Wirkung haben. Unterrichtende können darauf meist nur reagieren, aber sie können dies mit unterschiedlich großer Flexibilität tun. Eine prinzipielle Offenheit für die Wirkung des situativen Kontextes kann ggf. fruchtbare Lernsituationen auslösen oder zur Vermeidung von Konfliktsituationen beitragen.

Verglichen mit der Realität von Unterricht ist dies ein relativ einfaches Modell. Dennoch ist es bereits hochkomplex:

① Alle Unterrichtsplanung basiert auf *Rahmenbedingungen*, auf einer *Alters- und Entwicklungsorientierung* sowie auf entsprechend ausgestalteten *Beziehungen* zwischen Lehrenden und Lernenden.

② Die einzelnen Elemente stehen in wechselseitiger Abhängigkeit zueinander. Dies wird häufig als Gleichwertigkeit der Beziehungen gedeutet (s. Schulz' Modelle). Es ist aber nicht nur möglich, sondern sogar wahrscheinlich, dass dort, wo viele Verflechtungen vorliegen, einzelne Beziehungen eine *unterschiedliche Stärke* aufweisen.

③ Wechselseitige Abhängigkeit und Verflochtenheit schließen auch eine *Reihenfolge* der Momente nicht aus. Es ist nicht nur möglich, sondern sogar wahrscheinlich, dass es dort, wo viele Verflechtungen vorliegen, vorauslaufende und nachfolgende Kräfte gibt.

④ Einige der Entscheidungsmomente liegen in *zwei Spannungsfeldern*: ›Gleichheit vs. Unterschiedlichkeit‹ und ›Selbstbestimmung vs. Fremdbestimmung‹, d. h. dass sie von übergeordneten Erziehungszielen überlagert werden.

Zumindest für den Bereich der Unterrichtsvorbereitung halte ich vier Punkte fest, und zwar,

- dass eine Alters- oder Entwicklungsorientierung im didaktischen Feld an erster Stelle steht (alle anderen Entscheidungen sind von der Frage abhängig, an wen sich der Unterricht wendet),

- dass die Beziehungen zwischen den einzelnen Momenten nicht gleichwertig sind, sondern dass es stärkere und schwächere Beziehungen gibt,

- dass die Reihenfolge der ›Abfrage‹ der einzelnen Momente zwar nicht zwingend, aber doch plausibel festgelegt werden kann,

- dass Ziel-, Inhalts-, Strukturmomente im Spannungsfeld von übergeordneten Erziehungszielen liegen.

Diese Positionen basieren auf dem Modell der lerntheoretischen Didaktik, modifizieren diese aber nicht unerheblich. Sie lassen sich sowohl pragmatisch wie auch sachlogisch begründen und liegen den nachfolgenden Darstellungen (Strukturschema, Matrix und Planungsablauf) zugrunde.

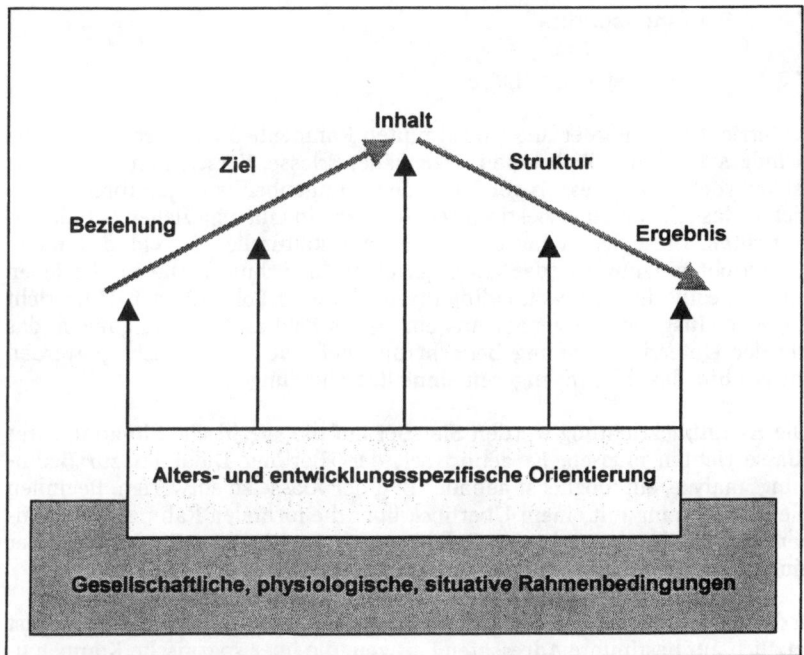

Strukturschema 12: Bedingungs- und Entscheidungsmomente im Unterricht der Schule

		Entwicklung	Beziehung	Ziel	Inhalt	Vermittlung	Kontrolle
Bedingungen	Entwicklung		xxx	xxx	xxx	xxx	xxx
	Beziehung	xxx		x	x	xx	xx
Sache	Ziel	xxx	x		xxx	xxx	xx
	Inhalt	xxx	x	xxx		xxx	xxx
Umsetzung	Vermittlung	xxx	xx	xxx	xxx		x
	Kontrolle	xxx	xx	xx	xxx	x	

Tabelle 3: Verflochtenheit der Momente und mögliche Stärke der Beziehungen (xxx-stärker, xx-mittel, x-weniger stark)

7.3 Planungsschritte

7.3.1 Voraussetzungen klären

Unterricht steht immer unter bestimmten Rahmenbedingungen. Es gibt die Schulgesetzgebung, Richtlinien, Lehrpläne, Erlasse, Vorschriften... Aber das ist wahrlich nicht alles: Es gehört zu den Rahmenbedingungen Ihres Unterrichts, dass Sie an einer bestimmten Schulart, in einer speziellen Schule unterrichten. Diese Schule hat ein soziales und kulturelles Umfeld, das in den Unterricht hineinwirkt (das ›Einzugsgebiet der Schule‹). Die Kinder leben unter spezifischen Umweltbedingungen, die eine Folie für den Unterricht abgeben. Insgesamt begegnet uns ein weites Feld an Vorbedingungen, das bei der Unterrichtsplanung bedacht und ggf. auch berücksichtigt werden muss, ohne dass hier im engeren Sinne Entscheidungen fallen.

Die Hauptblickrichtung werden Sie aber auf die spezifische Situation Ihrer Klasse richten müssen. Es gehört seit der ›Berliner Didaktik‹ zur Bedingungsanalyse, ein möglichst genaues Bild der Klasse zu entwerfen. Beginnen Sie ihre Planung mit einem Überblick über die formalen Rahmenbedingungen. Ziehen Sie alle Punkte ins Kalkül, von denen Sie einen Einfluss auf oder einen Zusammenhang mit dem Unterricht vermuten.

Jede Aktion der Lehrperson (Aktivierung, Motivation, Differenzierung) ist letztlich auf bestimmte Adressaten bezogen, die über spezifische Kompetenzen verfügen. Daher liegt in der Berücksichtigung der Voraussetzungen ein zentraler Punkt der Unterrichtsvorbereitung. Die erste Entscheidung (»Auf welche Alters- und Entwicklungsgruppe richte ich meine unterrichtliche Planung aus?«) wird vielfach nicht bewusst realisiert, weil sie durch die Zuteilung zu einer Klassenstufe bereits entschieden ist. Halten Sie diese Frage dennoch durchgehend präsent, denn sie beeinflusst alle weiteren Entscheidungen. Es gibt keinen relevanten Planungsbereich, der auf eine reflektierte Alters- und Entwicklungsorientierung verzichten könnte. Da Unterricht auf die Kompetenzen der Beteiligten (Lehrende und Lernende) angewiesen ist, realisiert sich die Alters- und Entwicklungsorientierung in einer Reihe von Kompetenzbereichen. Diese lassen sich vorläufig bestimmen als

- inhaltlicher Aspekt (Was kann ich in dieser Alters- und Entwicklungsstufe voraussetzen? Was ist bereits bekannt?),

- methodisch-struktureller Aspekt (Welche methodischen-organisatorischen Formen entsprechen dieser Alters- und Entwicklungsstufe? Welche Formen sind bereits bekannt?),

- emotionaler Aspekt (Wo liegen die Interessen dieser Alters- und Entwicklungsstufe? Was unterstützt die Motivation?),

- sozialer Aspekt (Welche Beziehungen bestehen in dieser Gruppe?),

- leistungs- und ergebnisbezogener Aspekt (Was kann ich in dieser Alters- und Entwicklungsstufe erwarten?).

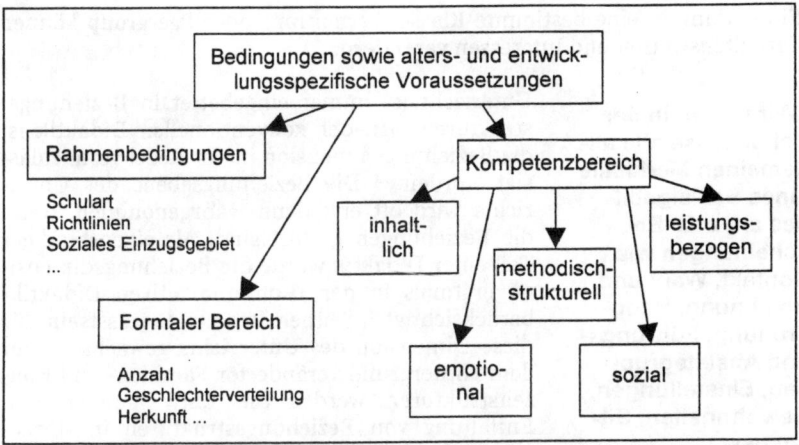

Strukturschema 13: Bedingungs- und Voraussetzungsmomente für die Unterrichts-planung

Der Entwicklungsstand der Kinder (und Jugendlichen) ist in allen Pla-nungs- und Entscheidungsmomenten enthalten: Ziele, Inhalte, Verfahren und Strukturen, aber auch die Art Ihrer Beziehungen zu einzelnen Kindern oder zur Klasse insgesamt, die Form der Ergebnisrückmeldung oder der Umgang mit Beziehungsstörungen benötigen im schulischen Raum letztlich eine Alters- und Entwicklungsorientierung. Verlassen Sie sich nicht darauf, dass Sie auch ›ein Kind waren‹ und daher wissen, was Kinder ›brauchen‹ und wie Kinder ›fühlen‹. So denken die meisten Erwachsenen – und verhal-ten sich dann in konkreten Situationen sehr unterschiedlich. Für professio-nelles Handeln benötigen Sie eine bessere Grundlage.

- *Beobachten Sie Kinder* gezielt in bestimmten, vorher festgelegten Situationen (›Standardsituationen‹). Halten Sie Ihre Beobachtung fest. Die Wörter ›Kindgemäßheit‹ oder ›Schülerorientierung‹ kommen leicht über die Lippen. Sie sind schwer einzulösen.

- *Befragen Sie ältere Kolleginnen und Kollegen* über deren Vorstellun-gen dazu – nicht um Widersprüche aufzudecken, sondern um die Spannweite der Begriffe zu erkunden.

- *Legen Sie ein pädagogisches Tagebuch an,* in dem Sie Wichtiges und (scheinbar) Unwichtiges aus dem Schulalltag von Kindern, für die Sie Unterricht planen wollen, festhalten.

7.3.2   Beziehungen entwickeln

Mit der Einzelbetrachtung ist es nicht getan. Kinder begegnen Ihnen in der Schule meist in der Mehrzahl. Das Auftreten in ›Klassenstärke‹ und die

Einbindung in eine bestimmte Klasse, Lerngruppe oder Peergroup können Verhaltensweisen und Interessen verändern.

„Wir treffen in der Schulklasse alle allgemeinen Merkmale eines Sozialgebildes an, z. B. Erscheinungen wie Kontakt, Wahl und Ablehnung, Rangordnung, Führungs- und Abseitsgruppen, Einstellungen, Gewohnheiten, Sitten usw."

Gerhard Steindorf: Einführung in die Schulpädagogik 1972, 271

Unterricht ist immer eingebettet in Beziehungsstrukturen. »In der konventionellen Didaktik ist die Beziehungsdimension in der Regel vernachlässigt worden.«[4] Die Beziehungsebene des Unterrichts wird oft erst dann wahrgenommen, wenn die Beziehungen gestört sind. Als eigenständiger Teil einer Didaktik wurde die Beziehungsdimension erstmals in der ›Kommunikativen Didaktik‹ berücksichtigt.[5] Seither ist das Bewusstsein für diese Dimension des Unterrichts gewachsen. Vor dem Hintergrund veränderter Familien- und Freizeitstrukturen werden die Entwicklungen und Entfaltung von Beziehungsstrukturen in stärkerem Maße als früher in der Schule verortet.

Das schlägt sich unter anderem in einer bewussteren Nutzung von Formen kooperativen Lernens nieder.[6] Auch wenn auf diese Weise das Beziehungsmoment stärker berücksichtigt wird – denn Formen des kooperativen Lernens basieren zu einem guten Teil auf der Beziehungsebene – bleibt dieser Bereich weiterhin relativ unbestimmt. Dies hängt unter anderem damit zusammen, dass Beziehungen von Kindern und Jugendlichen zueinander sowie zur Lehrperson in hohem Maße alters- und entwicklungsabhängig sind und nicht aus dem konkreten soziokulturellen und sozialen Kontext gelöst werden können.

Was kann die Lehrerin/der Lehrer tun, um die Beziehungen zwischen sich und den Kindern/Jugendlichen zu verbessern? Als Praktikantin oder Praktikant sind Sie natürlich nur für kurze Zeit in der Klasse und Sie können das Klassenklima kaum beeinflussen. (Nebenbei bemerkt: Ihre Betreuungsperson wird froh sein, wenn sich das Klassenklima nicht negativ verändert.) Dennoch sollten Sie tunlichst folgende Punkte berücksichtigen:

1 *Tragen Sie zu einer positiven Lernumgebung in der Klasse bei:*
Lassen Sie Gemeinschaftsarbeiten nicht nur im Kunstunterricht entstehen und hängen Sie diese nicht nur in der Klasse auf. Stellen Sie an der Pinnwand Sammlungen mit individuellen Beiträgen (z. B. eine Witzsammlung, eine Rezeptsammlung) zusammen. Sorgen Sie für ›private‹ Zonen in der Klasse. Schaffen Sie eine entspannte Arbeitsatmosphäre, z. B. durch eine saubere und nachvollziehbare Tafelgestaltung, durch die Vereinbarung einiger Regeln und einiger weniger Rituale. Drücken Sie durch Ihr Verhalten Optimismus und Zutrauen zu den Lernenden aus.

2 *Senden Sie positive nonverbale Signale:*

Zeigen Sie in Ihrer gesamten Haltung eine Wertschätzung der Kinder. Machen Sie ein freundliches Gesicht, lächeln Sie die Kinder an. Bauen Sie keine räumlichen Barrieren zwischen sich und der Klasse auf. Achten Sie auf Ihre Körpersprache. Die Unsicherheitsbotschaft, die Sie aussenden, wenn Sie nicht nur mit verschränkten Armen, sondern auch mit überkreuzten Beinen vor der Klasse stehen, ist kaum zu übersehen.

3 *Senden Sie positive verbale Signale:*

Seien Sie berechenbar. Zeigen Sie Humor. Lassen Sie ein Kind aussprechen - auch wenn Sie längst wissen, was es sagen will, oder wenn ein Irrtum beim Kind vorliegt. Behandeln Sie falsche Antworten korrekt. Verzichten Sie auf negative Kommentare bei Fehlern oder falschem Verhalten. Personenbezogene Abwertungen sind unprofessionell: »Das ist ja wieder typisch! – Von Dir hatte ich echt nichts anderes erwartet.« (Mal ehrlich: Muss man dafür ein Lehramt studieren?)

Reagieren Sie mit Respekt auf die Sorgen und Probleme: Eine Grundschülerin, die weinend in einer Ecke sitzt, weil sie sich vor dem Schwimmunterricht fürchtet, braucht Ihre warme, interessierte Anteilnahme. (Ihre privaten Vorurteile über ›wasserscheue Heulsusen‹ haben Sie hoffentlich rechtzeitig in der Lehrergarderobe abgelegt.)

4 *Senden Sie positive sachliche Signale aus:*

Nehmen Sie sachliche Fragen und Anregungen auf. Bauen Sie diese womöglich spontan in den Unterricht ein. Arbeiten Sie produktorientiert: Bauen Sie mit der Lerngruppe sachbezogene Ausstellungen oder Dokumentationen mit inhaltlichen Schwerpunkten auf.

5 *Betrachten Sie Unterricht aus unterschiedlichen Perspektiven:*

Sehen Sie sich den Verlauf einer Situation oder Aktion bewusst aus der Perspektive von einzelnen Kindern an. Identische Situationen stellen sich aus dem Blickwinkel der schwächeren und erfolgsärmeren Kinder oft ganz anders dar: ›Mathe-König-Spiele‹ oder ›Lese-König-Spiele‹ sind sehr motivierend – besonders für die Guten, Schnellen und Erfolgreichen. Welche intrinsische Motivation für Mathematik sollten Wettspiele, bei denen sich Kinder, die die Lösung wissen, hinsetzen können, bei einem Kind aufbauen, das bis zum Schluss stehen bleiben muss?

6 *Bleiben Sie sich immer Ihrer Profession bewusst:*

Viele Lehrerinnen und Lehrer, z. B. in Oberstufen definieren sich über ihr Fach: »Ich als Mathematiker... Physiker... Historiker...« Erliegen Sie nicht dieser Täuschung: Mathematiker, Physiker, Historiker etc. werden in Banken, Behörden, Universitäten, Forschungsinstituten gebraucht. In Schulen braucht man Lehrerinnen und Lehrer.

Checkliste 5: Klärung der Voraussetzungen

Rahmenbedingungen des Unterrichts

- Schulart/Schulstufe
- Richtlinien/Rahmenpläne
- Erlasse
- Formen der Integration
- Stoffverteilungspläne/Arbeitspläne

- Stundenplan
- Schulbücher
- Didaktische Materialien
- Kopiermöglichkeiten
- Räumliche Situation

Formale Aspekte der Lerngruppe

- Klassenstufe
- Anzahl der Kinder

- Geschlechterverteilung
- Herkunft

Alters- und Entwicklungsorientierung

- Wie ist die Altersverteilung in der Lerngruppe?
- Wie schätze ich den Entwicklungsstand ein?

- Gibt es Kinder, die mit den Inhalten/Verfahren Schwierigkeiten haben werden? Gibt es Kinder in Sondersituationen (Integrationsklasse)?

Inhaltlich-methodische Orientierung

- Was ist inhaltlich vorausgegangen?
- Welche Vorkenntnisse sind vermutlich vorhanden? Welche Vorkenntnisse sind unverzichtbar?

- Sind die Kinder mit den Arbeitsverfahren vertraut?
- Führe ich neue methodische oder organisatorische Verfahren ein?

Emotional-soziale Orientierung

- Von welcher Motivationslage kann ich in dieser Lerngruppe ausgehen?
- Sind die Kinder mit den geplanten Sozialformen vertraut?

- Worauf muss ich bei der Zusammenarbeit von Kindern achten?
- Gibt es Kinder, die ich besonders gruppieren muss?

Situative Orientierung

- Wie ist der Unterricht im Stundenplan platziert?

- Sind besondere Ereignisse vorhersehbar (Geburtstage, Feiertage)?

Beziehungsaspekte

- Welche nonverbalen Aspekte meines Verhaltens will ich beachten?
- Welche positiven verbalen Signale will ich berücksichtigen?
- Welche positiven Sachsignale sind im Unterricht enthalten?

- Sind die Kinder gewohnt, Hilfe anzunehmen und Hilfe zu leisten?
- Wie stellen sich Ziel, Inhalt und Verfahren aus Sicht stärkerer und schwächerer Kinder dar?

7.3.3 Ziele festlegen und Inhalte bestimmen

Fend hat zwischen ›veranstalteten‹ und ›nicht veranstalteten‹ Lernprozessen unterschieden und die Systematisierung der Lernbedingungen sowie die Formulierung von Lernzielen als Kennzeichen und Bestimmungsmerkmal für ›veranstaltete‹ Lernprozesse beschrieben (vgl. 3.2). In diesem Sinne werden Schule und Unterricht vielfach durch Planmäßigkeit, Intentionalität oder Zielgerichtetheit definiert, z. B.:

- »Schule ist die pädagogische Institution, in der Prozesse des Lehrens und Lernens auf der Grundlage langfristiger Planung und zielgerichteter Auswahl der Lernstoffe verwirklicht werden.«[7]

- »Unterricht wird charakterisiert durch Intentionalität, Planung und bewußten Einsatz von Unterrichtsmethoden.«[8]

Auch ohne diese Belege dürfte schon im Sinne einer ›face validity‹ klar sein, dass Unterricht Ziele verfolgt. Während ursprünglich nur von Lernzielen gesprochen wurde, hat sich später eine Unterscheidung zwischen *Lehrzielen* und *Lernzielen* durchgesetzt: »Die Bezeichnung ›Lernziel‹ ist eine relativ willkürliche Übersetzung des in Amerika seit langem üblichen Begriffs ›objectives‹. Soweit sie von [...] Lehrern aufgestellt werden, sollten sie besser ›Lehrziele‹ heißen. ›Lernziele‹ werden sie erst dann, wenn die Schüler sie sich zu eigen gemacht haben. Beide Begriffe bezeichnen den gleichen Sachverhalt aus jeweils unterschiedlichen Perspektiven.«[9]

Zielstellungen können auf sehr unterschiedlichem Abstraktheitsniveau formuliert werden. Auf der obersten Ebene werden Ziele wie *Kompetenz, Autonomie, Solidarität* genannt, auf der unteren Ebene können es kleinschrittig operationalisierte Ziele wie ›*von zehn Aufgaben aus dem kleinen Einmaleins mindestens acht Aufgaben richtig lösen können*‹ sein.

Ziele und Inhalte stehen nicht unvermittelt nebeneinander. Sie waren traditionell vielmehr verbunden: Im Thema oder im Inhalt steckte gewissermaßen das Ziel als Kern bereits drin. Lesebücher enthielten ›Gesinnungsstoffe‹ - und die ›Gesinnung‹ kam durch den Inhalt zum Ausdruck. Die bewusste Aufteilung von Zielen und Inhalten hat sich erst vom Ende der Sechzigerjahre an durchgesetzt. Bis dahin ging es in der Didaktik eher um die Auswahl der Bildungsinhalte, deren ›Bildungs*gehalt*‹ gleichzeitig die Zielvorstellung darstellte. Eine detailliertere Betrachtung zeigt aber, dass die Zusammenhänge doch nicht so einfach sind: Auf der einen Seite kann man die *gleichen* Ziele mit *unterschiedlichen* Inhalten anstreben. Auf der anderen Seite ist es möglich, mit einem *identischen* Lerninhalt *unterschiedliche* Ziele zu verfolgen. Von daher ist für die Unterrichtsplanung eine Trennung zwischen *Intentionalität* und *Thematik*, wie sie Heimann in der ›Berliner Didaktik‹ vorgenommen hat, sinnvoll. Bei der Zielsetzung will dieser didaktische Ansatz zudem kognitive, pragmatische und emotionale Ziele unterschieden wissen.

Dies trägt der Tatsache Rechnung, dass es im Unterricht

- nicht allein um Wissen und Kenntnisse (kognitive Dimension),
- sondern auch um Fähigkeiten und Fertigkeiten (pragmatische Dimension)
- sowie um Haltungen und Einstellungen (emotionale Dimension) geht.

So kann sich Unterricht beispielsweise darauf konzentrieren, die Kenntnis von Rechtschreibmustern (›Päckchen‹ mit ck, ›Paket‹ mit k) zu erarbeiten, die Fertigkeit, ein Wörterbuch zu benutzen zu sichern oder die Bereitschaft, einem kranken Kind einen Brief zu schreiben, zu fördern. Das sind unterschiedliche Ziele, und es ist gut, wenn Lehrende sich selbst darüber Rechenschaft ablegen, was ihr Ziel ist. Heimann hat zusätzlich zu den drei Dimensionen auch noch den Grad der Entfaltung der jeweiligen Dimension in den Blick gebracht, so dass eine Tabelle mit doppeltem Eingang entsteht:

Qualitätsstufe	kognitive D.	pragmatische D.	emotionale D.
Anbahnung	Kenntnis	Fähigkeit	Anmutung
Entfaltung	Erkenntnis	Fertigkeit	Erlebnis
Gestaltung	Überzeugung	Gewohnheit	Gesinnung

Tabelle 4: Dimensionen und Qualitätsstufen der Intentionalität

Eine solche Unterscheidung kann sich unter analytischen Gesichtspunkten als sinnvoll erweisen, weil sie den Lehrenden hilft, ihre Zielsetzungen in der Vorbereitungsphase klarer zu durchdenken. Gerade weil Unterricht einen Prozess darstellt, der eine ganz eigene Dynamik entfalten kann, ist es sinnvoll, sich vorher klar zu machen, ob sich die Zielstellung eher auf deklaratives Wissens (Wissen was ist) oder auf prozedurales Wissen (Wissen wie etwas verwendet wird) richtet. Unter dieser Perspektive sind im Planungsprozess dann auch Fragen nach angemessenen Lernaktivitäten, Materialangeboten und Ergebniskontrollen zu beantworten.

Die von Heimann und Schulz vorgenommene Aufteilung der drei *Dimensionen* in je drei *Qualitätsstufen* (s. Tabelle 6) scheint zunächst eher eine theoretische Bedeutung zu haben. Nimmt man aber die notwendige alters- und entwicklungsspezifische Orientierung aller Unterrichtshandlungen hinzu, dann erweisen sich die Qualitätsstufen als praxisnah, weil sie im Sinne eines Spiralcurriculums die ›kindgemäße‹ Annäherung an höherwertige Ziele wie Kompetenz, Autonomie, Solidarität ermöglichen.

Insgesamt sollte man jedoch nicht den Blick dafür verlieren, dass Lehr- und Lernhandlungen nur in den seltensten Fällen auf isolierte Ziele ausgerichtet sind. Im Normalfall gilt wohl eher das Gegenteil. Wie in vielen anderen Handlungssituationen ist anzunehmen, dass Lehrende und Lernende auch im Unterrichtsprozess jeweils mehrere Ziele gleichzeitig mit einer einzigen Handlung verfolgen. Ein Kind meldet sich: Welche Ziele es verfolgt, darüber können wir nur spekulieren. Wahrscheinlich will es eine Leistung zeigen, aktiv sein, Spaß haben, gelobt werden, anderen Kindern imponieren oder es will sich einfach nur angepasst verhalten – und das (möglicherweise) alles gleichzeitig.

Die Beobachtung von Unterrichtspraxis zeigt, dass auch Lehrende mehrere Ziele gleichzeitig verfolgen. Ihre Handlungen verknüpfen

- stoffliche Ziele – sie wollen, dass ein Inhalt gelernt wird,

- erzieherische Ziele – sie wollen bestimmte Haltungen oder Einstellungen dabei vermitteln,

- Prozessziele – sie wollen ein bestimmtes Arbeits- und Disziplinniveau aufrecht erhalten. (Sie wollen die Stunde ›anständig über die Runden bringen‹.)

Gerade weil im Unterrichtsprozess keine einfache, einseitige Zielfestlegung möglich ist, sondern unterschiedliche, sich wechselseitig überlagernde Zielsetzungen vorliegen, ist es ratsam, die Lehrziele zunächst einmal für sich zu betrachten und erst im nächsten Planungsschritt die Inhalte (den Gegenstand) einzubeziehen. Lehrziele werden in der Regel durch zwei Einflussgrößen vor Ort reguliert: durch die Annahmen über die Alters- und Entwicklungsangemessenheit und durch systematische Aspekte des Faches selbst. (Um das Modell nicht zu komplizieren, schließe ich die spezifischen Voraussetzungen ›vor Ort‹ bei der Alters- und Entwicklungsangemessenheit mit ein.)

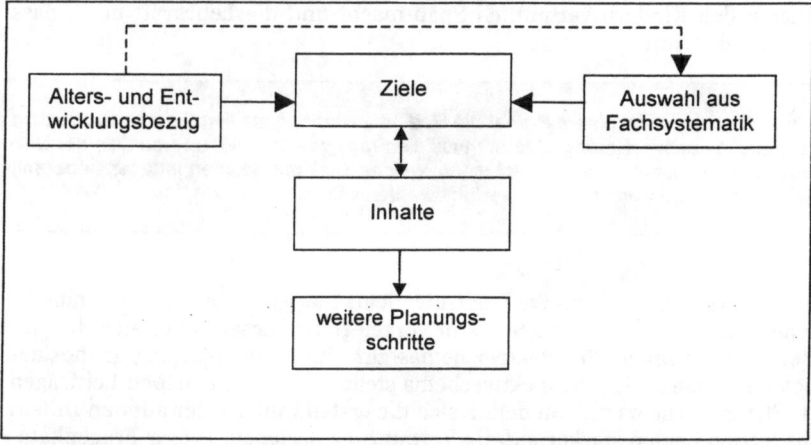

Strukturschema 14: Regulative für Ziele und Inhalte bei der Unterrichtsplanung

»Wenn wir [...] *Gegenstand* und *Intentionen* bewußtseinsmäßig erfaßt haben und genau *unterscheiden* können, was das eine und was das andere ist, haben wir Klarheit als Voraussetzung der Unterrichtsvorbereitung gewonnen.«[10]

In der lern-/lehrtheoretischen Didaktik kommt dem Verhältnis zwischen Zielen und Inhalten besondere Stellung zu. Heimann hat das auf die griffige Formel gebracht, dass der Gegenstand erst durch seine intentionale Bestimmung als Lerngegenstand konstituiert wird.[11] An dieser Formulierung wird erkennbar, dass die ›Berliner Didaktik‹ beim Verhältnis von Zielen und Inhalten entgegen der viel zitierten Interdependenzthese implizit doch der Zielentscheidung einen Vorrang eingeräumt hat. Auch Klafki hat in der Neufassung der bildungstheoretischen Didaktik »vom Primat der Zielentscheidungen« gesprochen.[12] Allerdings sollte nicht übersehen werden, dass der Zielentscheidung bereits eine Entscheidung vorausläuft: die Entscheidung, für welche ›Adressatengruppe‹ ein Ziel bestimmt werden soll.

In der Praxis zeigt sich, dass Lehrerinnen und Lehrer ihren Unterricht an realistischen, d. h. den Kindern angemessenen und von den Kindern erreichbaren Zielen und Inhalten ausrichten. Sie wollen keinen Unterricht machen, der ›über die Köpfe der Kinder hinweggeht‹. Allerdings kann man den Eindruck gewinnen, dass Lehrerinnen und Lehrer im Unterricht oft von einem ›guten‹ Inhalt ausgehen. Dies setzt das vorher skizzierte Modell nicht außer Kraft. Denn der Inhalt wird vermutlich genau deshalb als ›gut‹ klassifiziert, weil die Lehrkraft im Zuge einer Mini-Analyse dessen Alters- und Entwicklungsangemessenheit erkennt. Auch wenn die Zielfrage nach dem ›Wozu‹ von der Lehrkraft nicht explizit beantwortet werden können sollte: Es gibt auch hier immer eine vorauslaufende Antwort, die stoffliche, erziehliche oder prozessorientierte Ziele enthält – und sei es nur die, dass das Thema den Kindern vermutlich Spaß macht und die Lehrkraft hofft, dass die Stunde ›läuft‹.

Wenn überhaupt von einem Primat die Rede sein kann, dann liegt es offensichtlich in der Adressatenorientierung: Zuerst muss die Frage geklärt sein, an wen sich der Unterricht richtet. Danach wird entschieden, welche Ziele mit welchen Inhalten– oder mit welchen Inhalten welche Ziele – verfolgt werden sollen.

Für die Auswahl der Inhalte des Unterrichts hat Klafki mit seiner ›Didaktischen Analyse‹ (1958) eine Struktur vorgelegt. An dieser hat er auch bei der Entwicklung seines Perspektivschemas zur Unterrichtsplanung grundsätzlich festgehalten. Im Perspektivschema stellt er insgesamt sieben Leitfragen (s. Strukturschema 7), von denen sich die ersten fünf stärker auf den Inhalt, die letzten beiden stärker auf die Vermittlung beziehen. Dieser Fragenkatalog hat seine prinzipielle Gültigkeit erhalten. Er kann daher für die Analyse der Inhalte weiterhin Verwendung finden.[13]

1. Gegenwartsbedeutung

Welche Bedeutung hat der betreffende Inhalt bzw. die an diesem Thema zu gewinnende Erfahrung, Erkenntnis, Fähigkeit oder Fertigkeit bereits im geistigen Leben der Kinder meiner Klasse [...]? (16)

Die erste Frage steht im Zusammenhang mit der Alters- und Entwicklungsorientierung, aber auch im Zusammenhang mit den Rahmenbedingungen des Unterrichts: Grundschulkinder im ländlichen Raum werden zur sachunterrichtlichen Themenstellung ›Wo kommt unsere Nahrung her?‹ einen anderen Bezug haben als Großstadtkinder, die den Zusammenhang zwischen Kartoffel und Erde oder zwischen Jahreszeit und Ernte nicht aus eigener Anschauung kennen.

2. Zukunftsbedeutung

Worin liegt die Bedeutung des Themas für die Zukunft der Kinder? (17)

Die Problematik dieser Frage liegt auf der Hand: In einer dynamischen Gesellschaft sind kaum Voraussagen über das, was Kinder in der Zukunft brauchen, möglich. Das bedeutet, dass sich ohne große Fantasie zu jedem Inhalt eine Zukunftsbedeutung finden ließe. Klafki gesteht selbst ein, dass »solche Formulierungen unvermeidlich hochtrabend klingen«.[14] Meiner Meinung nach macht die Frage für die konkrete Unterrichtsvorbereitung eigentlich nur dann Sinn, wenn man sie *nicht* auf die spätere Berufs- oder Familiensituation der Kinder bezieht, sondern wenn sie sich auf eine relativ nahe Zukunft und insbesondere auf schulische Lern- und Motivationszusammenhänge beschränkt.

3. Exemplarische Bedeutung

Welchen größeren bzw. welchen allgemeinen Sinn- oder Sachzusammenhang vertritt und erschließt dieser Inhalt? Welches Urphänomen oder Grundprinzip, welches Gesetz, Kriterium, Problem, welche Methode, Technik oder Haltung läßt sich in der Auseinandersetzung mit ihm ›exemplarisch‹ erfassen? (15)

Die Gegenwarts- und die Zukunftsbedeutung (»Macht Spaß!«, »Kann man immer mal gebrauchen!«) reichen zur Begründung eines Inhaltes nicht aus. Die Kernfrage der bildungstheoretischen Didaktik lautete: Worin liegt der *Bildungsgehalt*? Die Frage nach der exemplarischen Bedeutung ist zugleich aber auch der Versuch einer pädagogischen Antwort auf die alle Horizonte sprengende Stofffülle. Damit die Wissens*explosion* nicht zur Bildungs*implosion* wird, muss Unterricht thematische Zusammenhänge auswählen, die für mehr als nur für sich selbst stehen können. Bei der Frage nach der exemplarischen Bedeutung geht es also immer auch um eine qualitativ begründete quantitative Reduktion der Stoffmenge.

4. Thematische Struktur

Welches ist die Struktur des [...] Inhaltes?

Die ersten drei Unterfragen bilden den Kern der unverzichtbaren Sachanalyse. Hier geht es darum, die Wissenselemente und ihre strukturellen Zusammenhänge zu erfassen, Wechselwirkungen zu bestimmen sowie Fakten und Hypothesen, Wesentliches und Unwesentliches zu unterscheiden:

- *Welches sind die einzelnen Momente des Inhaltes als eines Sinnzusammenhanges?*
- *In welchem Zusammenhang stehen diese einzelnen Momente?*
- *Ist der betreffende Inhalt geschichtet? Hat er verschiedene Sinn- und Bedeutungsschichten?*

Noch einmal: Im Fokus steht hier die Durchdringung der Sache (für das Verständnis der Lehrkraft selbst). Auch die Unterfragen 4 und 5 sind noch klar sachorientiert. Sie bringen allmählich aber auch die unterrichtliche Umsetzung in den Blick:

- *In welchem größeren sachlichen Zusammenhang steht dieser Inhalt? Was muß sachlich vorausgegangen sein?*
- *Welche Eigentümlichkeiten werden den Kindern den Zugang zur Sache vermutlich schwer machen?*
- *Was hat als notwendig festzuhaltender Wissensbesitz (›Mindestwissen‹) zu gelten [...] (17-20)*

5. Erweisbarkeit und Überprüfbarkeit

Wie, an welchen erworbenen Fähigkeiten, welchen Erkenntnissen, welchen Handlungsformen, welchen ›Leistungen‹ im weiteren Sinne [...] soll sich zeigen und soll beurteilt werden, ob die angestrebten Lernprozesse [...] als erfolgreich gelten können?[15]

Als isolierte Fragestellung taucht die Frage nach der Überprüfbarkeit erst im Perspektivschema der ›kritisch-konstruktiven Didaktik‹ auf. Die Frage richtete sich ursprünglich nur auf die Beschreibung (nicht die Überprüfung) des Mindestwissens aus (s. o.).

6. Zugänglichkeit bzw. Darstellbarkeit

7. Lehr-Lern-Prozessstruktur

Diese beiden Komplexe des Perspektivschemas reichen bereits über die Ziel- und Inhaltsfrage hinaus und stellen eine Verbindung zu methodischen Überlegungen dar.

 Bezüglich der Inhaltsfrage müssen wir uns bewusst bleiben, dass Unterricht die Kinder für unbekannte Situationen vorbereiten soll. Bei aller Wertschätzung von Wissen, auf das Unterricht ausgerichtet ist, geht es daher immer auch um die Erarbeitung und Generalisierung von Lern-, Informations- und Bewertungsstrategien. Eine Beschränkung auf inhaltliche Lehrziele ist problematisch: Kinder müssen auch lernen, sich auf neuem unbekannten Terrain, für das sie keine materiale Vorbereitung erfahren haben, zu orientieren.

Checkliste 6: Klärung von Zielen und Inhalten

Worin liegt das vorrangige Ziel des Unterrichts?

Sind Ziele alters- und entwicklungsangemessen?
Was sollen die Kinder lernen/erkennen/üben?
Verfolge ich überwiegend Sachziele, Handlungsziele oder Prozessziele?

Wie sind das Ziel/die Ziele zu legitimieren?

Kommt das Thema in Richtlinien/Rahmenplänen/Schulbüchern vor?
Ist das Thema standort- oder situationsgebunden?

Was ist der inhaltliche Kern, auf den der Unterricht abzielt?

Ist der Inhalt alters- und entwicklungsangemessen?
In welchem fachwissenschaftlichen Zusammenhang steht der Inhalt?
Wie ist der Inhalt strukturiert?
Wofür ist der Inhalt exemplarisch?

Welche Bedeutung hat der Inhalt für die Kinder?

Gibt es einen aktuellen Anlass?
Welche Bedeutung hat der Inhalt für die Kinder gegenwärtig und in naher Zukunft?

Welchen Wissensstand haben die Kinder über den Inhalt?

Was kann ich plausibel voraussetzen?
Was ist für die Kinder vermutlich neu?
Wie werden die Kinder für das „Neue" motiviert?
Was wird für die Kinder vermutlich schwierig sein?

Welche Handlungsmöglichkeiten haben die Kinder im Umgang mit dem Inhalt?

An welchen Punkten können die Kinder aktiv werden?
Sind die Handlungsmöglichkeiten auf die Zieldimension abgestimmt?
Sind die Handlungsmöglichkeiten alters- und entwicklungsangemessen?

Worin erweist sich der Zugewinn?

Was sollen die Kinder am Ende können?
Ist Selbstkontrolle durch die Kinder möglich?
Ist Fremdkontrolle erforderlich?

Welche inhaltlichen Vorbereitungshilfen stehen mir zur Verfügung?

Fachbücher und Fachzeitschriften?
Lehrbücher und Kommentarbände?
Informationen im Internet? Kollegiale Hilfen?

7.3.4 Unterricht strukturieren und Ergebnisse sichern

Das zentrale Ziel von Unterricht in der Schule ist es, Kindern und Jugendlichen beim Lernen zu helfen. Alle methodischen Maßnahmen, die Lehrerinnen und Lehrer im Unterricht ergreifen, sind diesem Ziel verpflichtet.

Die Unterrichtsmethodik hat eine Vielzahl von Aktionsformen, Verfahrensschritten und Rezepten entwickelt, um *Lehrende* zu unterstützen und das methodische Lehrerhandeln effektiver zu machen. Daneben hat es im Rahmen der Unterrichtsmethodik aber immer auch Bemühungen gegeben, die Handlungsmöglichkeiten und Aktivitätsformen der *Lernenden* durch besondere Lern- und Arbeitsarrangements zu fördern, um auf diese Weise die Lehr-Lern-Prozesse erfolgreicher zu machen. Methodische Arrangements zur Förderung der Schüleraktivität haben neben dem alles dominierenden Frontalunterricht über viele Jahre hinweg eher ein Schattendasein geführt. Sie sind erst in den letzten Jahren in verschiedenen Formen von Angebotsunterricht, der den Lernenden mehr Wahl- und Mitbestimmungsrechte einräumt, in einem – wenn auch noch immer bescheidenen Umfang – in der Unterrichtsrealität in Erscheinung getreten. Wiechmann hat das Auftreten einzelner methodischer Elemente in 114 Unterrichtsstunden untersucht und die nachfolgend dargestellten Häufigkeiten angegeben.[16]

Formen	Anteil
Lehrervortrag	6,54 %
Demonstration	10,34 %
»Frage-Antwort-Spiel«	9,37 %
Unterrichtsgespräch	8,88 %
Diskussion	1,27 %
Schülervortrag	0,68 %
Stillarbeit	10,44 %
Betreute Schülertätigkeit	24,98 %
Selbstständige Schülertätigkeit	2,73 %
Stuhlkreis	3,02 %
Kein Unterricht	13,26 %
»Klassengeschäfte«	6,83 %
Sonstige Formen	1,66 %

Tabelle 5: Häufigkeit von methodischen Unterrichtselementen (Wiechmann 1999)

Zwar handelte es sich dabei um Grundschulunterricht, doch weist der Autor darauf hin, dass sich die Veränderungen gegenüber früheren Untersuchungen nicht allein auf Grundschulunterricht beziehen. Betrachtet man die Tabelle, dann fällt auf, dass die Formen, bei denen die Tätigkeit der Lernenden eindeutig im Vordergrund steht, einen Prozentsatz von mehr als 38% ausmachen. Der Autor selbst weist darauf hin, dass diese erfreuliche Steigerung der Schüleraktivitäten und die damit verbundene Abnahme der Lehrerdominanz nicht unbedingt als Ausdruck von Methodenvielfalt gedeutet werden darf. Vielmehr scheint »der hohe Anteil der betreuten Schülertätigkeit den massiven Einsatz von Arbeitsblättern widerzuspiegeln«.[17] Dies kann problematisch sein, weil Arbeitsblätter nicht zwingend anregende und abwechslungsreiche Tätigkeiten enthalten. Im Gegenteil: Viele Arbeitsblätter stellen engmaschig vorgeplanten und vorentschiedenen Unterricht dar. Die Lehrerdominanz ist dabei ganz offensichtlich. Sie hat lediglich ihre Form geändert. Kooperation zwischen den Schülerinnen und Schülern, z. B. das Eingehen auf die Beiträge anderer, ist tendenziell unmöglich oder wird zumindest noch stärker eingeschränkt als im herkömmlichen Unterricht. Dennoch ist positiv festzuhalten, dass der Grad der Schüleraktivierung zugenommen hat. Insofern weist Wiechmanns Momentaufnahme zur Häufigkeit methodischer Elemente im Unterricht Licht- und Schattenseiten auf.

Der Begriff ›Unterrichtsmethoden‹ kann als Sammelbegriff für ein außerordentlich weites Feld unterrichtlicher Aktivitäten verstanden werden. Er schließt pädagogische Gesamtkonzeptionen wie die ›Montessori-Methode‹, lernfeldbezogene Ansätze wie die ›Ganzheitsmethode‹ oder methodische Arrangements wie den ›arbeitsteiligen Gruppenunterricht‹ ein. Sacher hat Studierende nach ihren Vorstellungen zur Unterrichtsplanung befragt und seine Ergebnisse wie folgt zusammengefasst: »In der Planungskategorie ›Unterrichtsmethoden‹ spielen Überlegungen zur Zeitplanung, zur Artikulation der Unterrichtsstunde, zu den Lehrverfahren, zu den Sozialformen, zu motivierenden und interesseweckenden Maßnahmen sowie zu einzelnen konkreten Unterrichtshandlungen des Lehrers die größte Rolle. Einzelne konkrete Schülertätigkeiten hingegen wurden nur relativ selten benannt.«[18] In diesem Zitat werden einige wenige Kategorisierungsgesichtspunkte von Unterrichtsmethoden angesprochen, wie sie in ähnlicher Form bereits von Heimann/Otto/Schulz und in den Veröffentlichungen verschiedener Autoren verwendet werden.

7.3.4.1 Artikulation des Unterrichts

Der Begriff ›Artikulation‹ taucht in der ›Allgemeinen Pädagogik‹ von Johann Friedrich Herbart (1776-1841) erstmals auf und bezeichnet die ›Gliederung‹ des Unterrichts. Sein vierstufiges Gliederungsschema orientierte sich am Ablauf eines Denkaktes und beruhte auf dem Wechsel Vertiefung und Besinnung. Da Herbart diese als ›ruhend‹ oder ›fortschreitend‹ bestimmte, ergibt sich folgendes Gliederungsschema, das Herbart in jeder kleinsten Einheit des Unterrichts berücksichtigt wissen wollte: [19]

	Stufe	Beschreibung
1	Klarheit	ruhende Vertiefung: Erkennen eines Sachverhalts
2	Assoziation	fortschreitende Vertiefung: Verknüpfung mit dem bereits vorhandenen Wissen
3	System	ruhende Besinnung: Ordnung des Wissens, Einordnung in das vorhandene Wissen, Ausbau zu einem ›System‹
4	Methode	fortschreitende Besinnung: Anwendung, Übertragung, Transfer, Generierung neuer Elemente aus dem System heraus

Tabelle 6: Artikulation des Unterrichts bei Johann Friedrich Herbart (1806)

In der zweiten Hälfte des zwanzigsten Jahrhunderts hat das lernpsychologisch orientierte Schema von Heinrich Roth eine große Verbreitung gefunden. Nach Roth vollzieht sich Lernen, insbesondere das Lernen in den Lehr-Lernprozessen der Schule, in sechs Stufen:[20]

	Stufe	Beschreibung
1	Stufe der Motivation	Ein Lernwunsch erwacht, ein Lernprozess wird angestoßen, eine Aufgabe wird gestellt.
2	Stufe der Schwierigkeit	Die Handlung gelingt nicht – die zur Verfügung stehenden Möglichkeiten reichen nicht aus.
3	Stufe der Lösung	Ein Lösungsweg wird entdeckt oder vom Lehrer vorgegeben.
4	Stufe des Tuns oder Ausführens	Der Lösungsweg wird aktiv vollzogen und ausgebaut.
5	Stufe des Behaltens oder Einübens	Das Gelernte wird eingeübt.
6	Stufe des Bereitstellens, der Übertragung und der Integration	Die neue Leistung wird für künftige Situationen bereitgestellt.

Tabelle 7: Lernstufen bei Heinrich Roth (1957)

Neben den besonders exponierten Stufenschemata von Herbart und Roth gab/gibt es eine Vielzahl weiterer Gliederungsvorschläge[21], die jeweils in spezifischer Weise den bekannten Dreisatz von ›Einleitung – Hauptteil – Schluss‹ variieren.

Ein wesentliches Problem aller Gliederungsschemata liegt darin, dass sie auf sehr unterschiedliche Lernsituationen angewandt werden sollen. Am Beispiel der Herbartianer und ihrem ›Formalstufen-Schema‹ kann die Gefahr der Verengung und Verkrustung besonders deutlich aufgezeigt werden. Die Herbartianer (nicht Herbart selbst wie oft fälschlich behauptet wird) haben Herbarts Stufenmodell in die Formalstufen umgewandelt: Der Zusatz ›Formal‹ sollte ausdrücken, dass *jeder* Unterricht (ganz gleich, ob es sich um das Erlernen der ›Rolle vorwärts‹ oder um eine Gedichtinterpretation handelte) den gleichen formalen Stufen zu folgen hat – nach unserem heutigen Verständnis ein unsinniges Unterfangen. Generell liegt das Handicap der meisten Schemata darin, dass sie logisch oder psychologisch begründet werden, einen universellen Anspruch erheben und daher glauben, den Kontext des schulischen Lernens außer Acht lassen zu können.

Muss Unterricht überhaupt gegliedert werden? Wenn es die Aufgabe der Unterrichtsmethode ist, den Lernweg der Schüler zu strukturieren[22], dann bleibt ungeachtet der aufgezeigten Problematik der Anspruch auf eine Gliederung des Unterrichts bestehen. Eine flexible Artikulation des Unterrichts hat Bönsch (1996) vorgeschlagen. Sie geht zunächst – wie viele andere Gliederungsschemata auch – von einem Dreischritt aus, der aber beispielhaft für unterschiedliche Gestaltungen des Lehr-Lernprozesses vom Autor variiert wird. Hier liegt ein Vorschlag vor, der eine unterrichtsorientierte Perspektive verfolgt.

Eingangsphase	Erarbeitungsphase		Sicherungsphase
Motivation	Nichtwissen	→ Erarbeiten	Behalten
• überdauernde Moti-	Nichtverstehen	→ Erklären	Üben
viertheit	Nichtkönnen	→ Probieren	Übertragen
• Situative Anregungen	Nichtakzept.	→ Überzeugen	Anwenden
(Medien, Probleme			Ausüben
u.a. m.)			

Tabelle 8: Kontextorientiertes Grundschema der Gliederung bei Bönsch (1996)[23]

7.3.4.2 Sozialformen des Unterrichts

Unterricht beruht auf Interaktion und Kommunikation. Er hat daher – ob wir uns dessen bewusst sind oder nicht – immer auch soziale Auswirkungen. Da sich der Auftrag der Schule nicht auf die materialen, stofflichen Ziele beschränkt, liegt es im Zielbereich von Schule und Unterricht, diese sozialen Auswirkungen positiv zu gestalten. Die von Schulz formulierten Leitziele *Kompetenz*, *Solidarität* und *Autonomie* legen zwingend nahe, dass sich schulische Lehr-Lernprozesse auf *Sacherfahrung*, *Sozialerfahrung* und *Selbsterfahrung* erstrecken müssen (vgl. 5.2.2.2).

Die unterrichtsorganisatorischen Mittel, mit denen die Sozialerfahrungen strukturiert werden, sind (ebenfalls von Schulz) unter dem Begriff ›Sozialformen‹ zusammengefasst worden. Dabei schien es nahe zu liegen, die Gruppengröße als Beziehungsgröße zu verwenden. In diesem Sinne können folgende Formen unterschieden werden:

* Plenumsarbeit

* Gruppenarbeit

* Partnerarbeit

* Einzelarbeit.

In der Literatur sind hiervon abweichende, aber inhaltlich ähnlich akzentuierte Begriffe zu finden: Schulz hat den Begriff ›Plenumsunterricht‹ für den ansonsten verwendeten Begriff ›Frontalunterricht‹ vorgeschlagen, weil er den Begriff ›Frontalunterricht‹ für bestimmte Lehr-Lern-Arrangements (Gesprächskreis, Gesprächshalbkreis) für missverständlich hielt.[24] Im Allgemeinen werden die Begriffe ›Gruppenarbeit‹ und ›Gruppenunterricht‹ synonym verwendet. Da ›Gruppenunterricht‹ aber ein längerfristiges Unterrichtskonzept bezeichnet, erscheint mir ›Gruppenarbeit‹ für die spontane und kurzfristige Gruppenorganisation sinnvoller. (Wir unterscheiden schließlich auch ›Einzelunterricht‹ und ›Einzelarbeit‹.) Die nachfolgende Tabelle ist ein Versuch, den Bereich der Sozialformen zusammenfassend darzustellen und Vor- und Nachteile anzudeuten.

Sozialform	Vorteile	Nachteile
Plenumsarbeit • Frontalunterricht • Gesprächskreis • Gesprächshalbkreis	Kontrolle der Stoffmenge und des Unterrichtsfortschritts durch die Lehrenden (Steuerung der Sacherfahrung), einfache Organisierbarkeit	Lehrerdominanz, Rezeptivität, geringe Aktivität der Lernenden, eingeschränkte Sozialkontakte
Gruppenarbeit (etwa 3-6 Kinder) • arbeitsgleiche Form • arbeitsteilige Form	Reduzierung der Lehrerdominanz, Aktivierung, Förderung von Selbstständigkeit, Kooperationserfahrung und Sozialkompetenz	Zeitaufwändige Organisation, oft unklare und ungleiche Aufgabenübernahme in der Gruppe, ggf. Belastung durch interne Gruppenkonflikte
Partnerarbeit/ Kleingruppenarbeit (2-3 Kinder)	Reduzierung der Lehrerdominanz, einfache Organisation, Förderung von Selbstständigkeit, Kooperationserfahrung und Sozialkompetenz	Unklare und ungleiche Aufgabenübernahme in der Partner- oder Kleingruppe möglich, Konflikte durch Dominanz oder Abhängigkeit in der Beziehung möglich
Einzelarbeit	Reduzierung der Lehrerdominanz, einfache Organisation, Förderung von Selbstständigkeit, Individualisierung, ggf. freie Arbeit oder Wahlfreiheit	Egozentrische Arbeitshaltung wird u. U. gefördert, Schwächung der Sozialkontakte, fehlende Entlastung durch wechselseitige Hilfe

Tabelle 9: Sozialformen des Unterrichts

Der Versuch, Vorteile und Nachteile gegeneinander abzuwägen, muss notwendigerweise allgemein bleiben. Aussagen über die Wirkung der einzelnen Sozialformen können nur vor dem Hintergrund konkreter Lehr-Lernprozesse gemacht werden. Auch dann bleiben diese Aussagen über weite Strecken spekulativ. Ganz allgemein kann man sagen, dass sich Partner- oder Gruppenarbeit besonders dann anbieten, wenn es mehrere Perspektiven, mehrere Meinungen, mehrere Zugriffsweisen etc. gibt und das Lernen durch einen Gedankenaustausch gefördert werden kann.[25]

7.3.4.3 Methodisches Handeln

Das methodische Handeln des Lehrenden kann unter verschiedenen Gesichtspunkten geordnet werden. Im Allgemeinen wird vom Grad der Lenkung durch die Lehrkraft ausgegangen. Man unterscheidet danach, ob die Lehrperson das Lernen unmittelbar anleitet oder ob sie lediglich das Lernumfeld so vorbereitet, dass die Lernenden die Unterrichtsziele im Wesentlichen selbstständig erarbeiten können. In dieser Weise hatte Stöcker bereits vor einem halben Jahrhundert zwischen *unmittelbarem* und *mittelbarem* Unterricht unterschieden.[26] In ähnlicher Weise sind auch andere Autoren vorgegangen. So unterschied Uhlig (1960) beispielsweise

»die *darbietende Methode*,

die *anleitende Methode*.

die *anregende Methode*«.[27]

Lernmethoden (-verfahren, -formen, -weisen)	Lehrmethoden (-verfahren, -formen, -weisen)	Lehrakte
die rezeptive Lernmethode	die *darbietende* Lehrmethode	z. B. Vortrag – Anschreiben von Texten und mathematischen Entwicklungen – erläuterter Demonstrationsversuch – erläutertes Vorzeigen von Lehrobjekten - Anzeichnen
die geleitet produktive Lernmethode	die *anleitende* Lehrmethode	z. B. Gesprächsführung – Begutachtung – Richtigstellung – Beispiel geben
die selbständig produktive Lernmethode	die *anregende* Lehrmethode	z. B. Aufgabenstellung – Aufzeigen eines Problems – Vermittlung von Lernobjekten, Stoffquellen und Arbeitsmitteln

*Tabelle 10: »Arten der Lern- und Lehrmethoden und ihre Begriffsnachbarschaft«
(Quelle: Uhlig 1960)[28]*

Diese Einteilung scheint ihre Richtigkeit über ein halbes Jahrhundert hinweg bewahrt zu haben: Auch wenn sich die Terminologie gewandelt hat, findet sich diese Gliederung in einer Aufteilung in *darbietende, erarbeitende und entdeckenlassende Lehrverfahren* wieder.[29]

Fragen und Impulse als Mittel der Lernsteuerung

Fragen und Impulse können sowohl der Lernsteuerung des einzelnen Kindes wie auch der Steuerung des Unterrichtsprozesses als Ganzes dienen. Die Vielzahl und die Unechtheit von Fragen im Unterricht sind seit der Reformpädagogik häufig kritisiert worden. Dennoch ist es unbestreitbar, dass Fragen und Impulse das wichtigste Steuerungsmittel des schulischen Lehr-Lernprozesses überhaupt darstellen. Auch im Hinblick auf Ihre eigenen Unterrichtsplanungen lohnt es, sich mit diesem Bereich etwas ausführlicher zu beschäftigen. Im Folgenden soll der Fokus daher auf die Lernsteuerung durch Fragen und Impulse (erarbeitendes Lehrverfahren) gerichtet werden.

Dabei geht es nicht nur darum, die gängigen Fehlformen zu vermeiden, sondern auch um eine Verbesserung der Lernsteuerung insgesamt.

Vermeidung von Fehlformen

- *Entscheidungsfragen* sind im erarbeitenden Lehrverfahren wenig sinnvoll. Sie reduzieren die Antwortmöglichkeiten der Lerngruppe auf ein einziges Wort. Zusätzlich ergibt sich das Manko, dass man auch durch Raten mit fünfzig prozentiger Wahrscheinlichkeit die richtige Antwort treffen kann: »Hat Astrid Lindgren das Drehbuch zum Film ›Ronja Räubertochter‹ geschrieben?« – »Wurde J. F. Herbart in Oldenburg geboren?«

- *Doppelfragen* oder *Kettenfragen* nehmen den Denkprozess entweder teilweise voraus, oder sie sind eine schlichte Überforderung: »Warum steigt das Thermometer bei Erwärmung und um wie viele Millimeter dehnt sich die Säule pro Grad aus?« – »Was kommt in welcher Menge aus dem Autoauspuff?« – »Wer war Jean Anouilh, wann hat er gelebt und was sind seine wichtigsten Werke?«

- *Suggestivfragen* versuchen, die Kinder zu beeinflussen. Sie lassen ihnen keine echte Auswahl. Im Kern geht es bei Suggestivfragen auch nicht um Lernen im unterrichtlichen Sinn, sondern um Manipulation: »Meint ihr nicht auch, dass Nordirland wieder an die Republik Irland angegliedert werden sollte?«

- *Füllfragen* verraten oft mehr über die Hilflosigkeit der Lehrkraft als über den nächsten Schritt im Unterricht. Füllfragen sind oft nicht mehr als eine schlechte Angewohnheit: »Hat das jetzt jeder verstanden?« – »Sind alle da?« – »Seid ihr damit einverstanden?«

Verbesserung von Antwortmöglichkeiten[30]

In Schulklassen befinden sich üblicherweise rund zwanzig oder mehr Kinder. Ein Problem des erarbeitenden Lehrverfahrens besteht daher darin, Impulse und Fragen so zu formulieren, dass möglichst nicht nur ein einziges Kind eine richtige Antwort geben kann.

- ›*Flächenfragen/Flächenimpulse*‹: Versuchen Sie Fragen so zu stellen oder Impulse so zu geben, dass mehrere richtige *Fakten* dazu genannt werden können, z. B. »Welche Aufgaben werden von der Bundespost wahrgenommen?« - »In Niedersachsen gibt es unterschiedliche Landschaftsformen. Nenne eine davon!«
- ›*Rahmenfragen/Rahmenimpulse*‹: Versuchen Sie Rahmenfragen/Rahmenimpulse so zu formulieren, dass mehrere *Meinungen* dazu möglich sind, z. B. »Warum sollten Feuerwehrleute eine Uniform tragen?« – »Nenne Gründe, warum Hunde nicht in der Nähe von Spielplätzen herumlaufen sollten!«

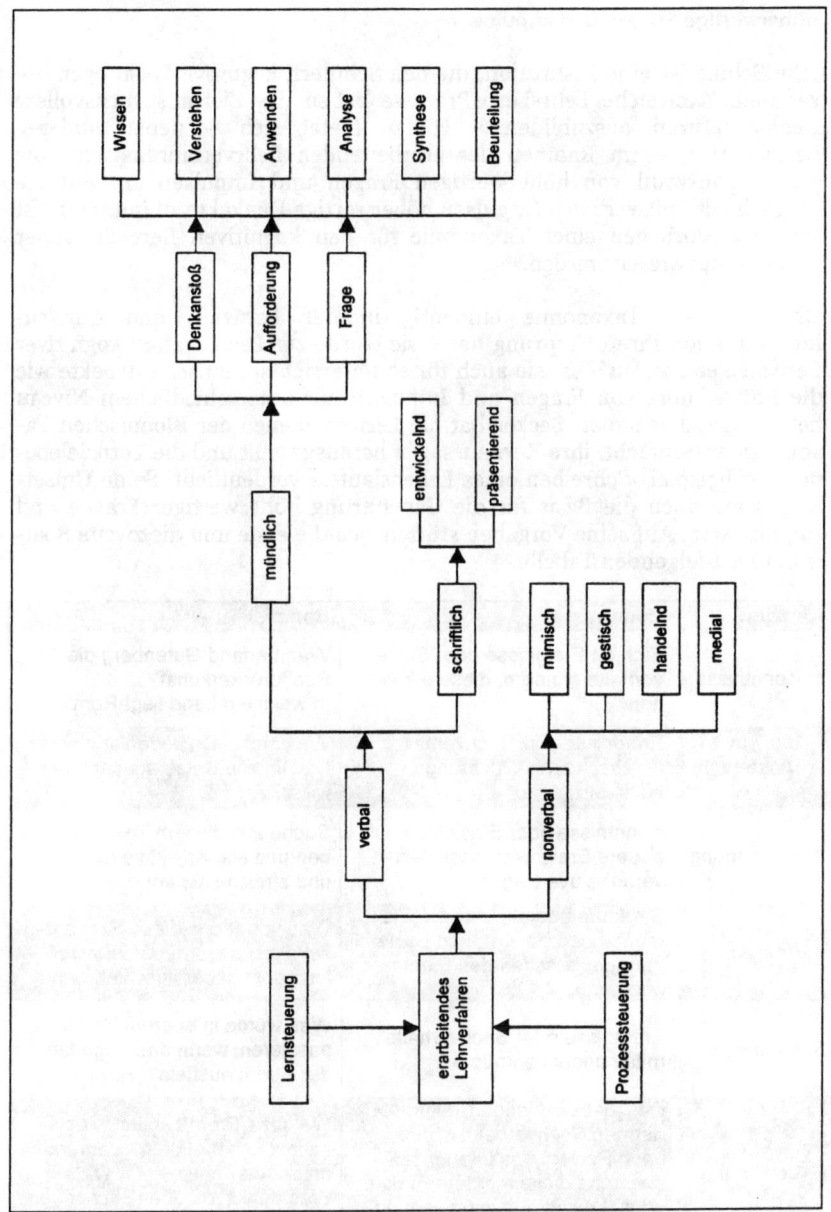

Strukturschema 15: Lern- und Prozesssteuerung im erarbeitenden Lehrverfahren

Höherwertige Fragen und Impulse

„Die Schule ist eine Institution, die den Schülern kognitive Leistungen ab-verlangt. Zahlreiche Lehr-Lern-Prozesse haben das Ziel anspruchsvollere Denkstrukturen auszubilden."[31] Hierzu bietet sich – neben anderen Lernanlässen – im Rahmen des erarbeitenden Lehrverfahrens auch die gezielte Auswahl von höherwertigen Fragen und Impulsen an. Auf die Möglichkeit, mit verbalen Impulsen höherwertige Denkakte zu initiieren, ist seit dem Vorliegen einer Taxonomie für den kognitiven Bereich immer wieder hingewiesen worden.[32]

Obwohl diese Taxonomie eindeutig in der Lernziel- und Curricu-lumdiskussion ihren Ursprung hat – sie wurde zur Legitimation kognitiver Lernziele entworfen – ist sie auch für so unterrichtspraktische Aspekte wie die Entwicklung von Fragen und Impulsen auf unterschiedlichem Niveau hervorragend geeignet. Becker hat die Lernzielebenen der Bloomschen Ta-xonomie vereinfacht, ihre Kernaussagen herausgestellt und die Lernzielebe-nen am Beispiel ›Schreiben eines Lebenslaufes‹ verdeutlicht. Seine Umset-zung kann auch die Basis für die Generierung höherwertiger Fragen und Impulse sein. Auf seine Vorgaben stützen sich die erste und die zweite Spal-te der nachfolgenden Tabelle.[33]

Kategorie	Bedeutung	Beispiel
1. Kenntnisse	Sich an Ereignisse oder Sach-verhalte erinnern, diese erken-nen.	Wann erfand Gutenberg die Buchdruckerkunst? In welchem Land liegt Rom?
2. Verstehen	Ereignisse und Sachverhalte durchschauen, Erklärungen nachvollziehen.	Was musst Du bedenken, wenn Du Dir eine Katze anschaffen willst?
3. Anwendung	Kenntnisse oder Einsichten auf andere Ereignisse oder Sach-verhalte übertragen.	Suche aus diesem Text alle Ver-ben und alle Adjektive heraus und streiche sie an!
4. Analyse	Strukturen durchschauen, Ele-mente identifizieren und Bezie-hungen zwischen den Elementen erkennen.	Was verrät uns diese Szene ü-ber Pipi Langstrumpfs Einstel-lung gegenüber ihrer Lehrerin?
5. Synthese	Ereignisse oder Sachverhalte miteinander verknüpfen.	Was würde in euerem Haushalt passieren, wenn drei Tage lang der Strom ausfiele?
6. Bewertung	Das zu bewertende Ereignis o-der den Sachverhalt sichten, nach Bewertungskriterien su-chen und diese mit dem Ereignis oder Sachverhalt in Beziehung setzen.	Welches Thema sollen wir als nächstes behandeln? Begründe deine Auswahl! Was denkst du über Bücher von Christine Nöstlinger?

Tabelle 11: Kognitives Niveau und Frageniveau

Wahrscheinlich ist ohne weiteres klar, dass die Entwicklung höherwertiger Fragen und Impulse selbst höherwertige Denkakte von der Lehrkraft verlangt und daher Teil der Unterrichtsvorbereitung sein muss. Das bedeutet keinesfalls, dass die Lehrkraft im erarbeitenden Unterrichtsgespräch nicht mehr offen für spontane Wendungen, die sich aus der konkreten Situation ergeben, sein kann. Dennoch erscheint eine Vorbereitung auf höherwertige Fragen und Impulse zwingend geboten.

Beispiel:[34]

Philipp und sein Hund

Heute regnet es, die Straße glänzt. Es ist ungemütlich.

Philipp sagt: „Es regnet, muss ich denn mit Bubu raus?"

„Es regnet nicht mehr", sagt Mutter, „es ist nur feucht und widerlich. Aber Bubu muss laufen."

Philipp mault: „Dieser blöde Hund, der kann doch in der Küche laufen."

Aber er geht doch mit Bubu spazieren. Er ist schlechter Laune, er wollte doch mit Kolja spielen. Ihn friert.

„Immer muss man was." Da dreht Bubu den Kopf und schaut ihn so nett an, dass Philipp sich bückt und den nassen Bubu plötzlich streichelt.

Antoinette Becker

Machen Sie hier einen Versuch: Formulieren Sie für den obenstehenden Text aus einem Lesebuch für das zweite Schuljahr für jede Stufe der Taxonomie eine Frage oder einen Impuls!

Kategorie	Hinweise für Ihre Formulierung	Beispiel[35]
	Wer? Was? Wann?	
Kenntnisse	*Wo?*	
	Nenne...	
	Beschreibe... Vergleiche... Erkläre...	
Verstehen	*Fasse zusammen....*	
	Was musst du bedenken?	
	Wende dein Wissen an!	
Anwenden	*Gebrauche dabei...*	
	Benutze...	
	Warum ist das so?	
Analyse	*Welchen Nutzen hat ... davon?*	
	Welche Punkte sind dabei wichtig?	
	Was würde passieren, wenn...	
Synthese	*Schreibe einen Bericht*	
	Wende auf ein ähnliches Problem an	
	Bewerte...	
Bewerten	*Entscheide...*	
	Begründe deine Haltung...	

Checkliste 7: Unterricht strukturieren

	Fragen
1	Habe ich Phasen oder Lernschritte bewusst eingeplant?
	• Einstiegsphase • Erarbeitungsphase • Sicherungsphase
2	Welche Sozialformen sollen im Unterricht vorkommen?
	• Plenumsarbeit (Frontalarbeit, Gesprächskreis, Gesprächshalbkreis) • Gruppenarbeit • Partnerarbeit • Einzelarbeit
3	Welche Vermittlungshilfen habe ich vorgesehen?
	• Tafelbild, Folie etc. • Welche konkreten Handlungen der Lernenden • Welche Arbeitsmittel • Welche Differenzierungsmöglichkeiten • Welche Möglichkeiten zur Eigeninitiative der Lernenden • Wie wird die Alters- und Entwicklungsstufe berücksichtigt
4	Habe ich für die Erarbeitung Flächenfragen/Rahmenfragen vorgesehen?
	• Fragen nach Fakten • Fragen nach Meinungen
5	Habe ich für die Erarbeitung höherwertige Fragen/Impulse vorgesehen?
	• Verstehen • Anwenden • Analyse • Synthese • Bewertung
6	Habe ich ›offene Unterrichtselemente‹ vorgesehen?
	Welche?

7.3.5 Störungen bewältigen

Schule ist nicht mehr ausschließlich ein Ort der Wissensvermittlung – wahrscheinlich war sie es nie, obwohl sie von den Beteiligten oft vorrangig in dieser Funktion wahrgenommen worden ist. Das Schlagwort von der Schule als ›Haus des Lernens‹ ist nur dann gerechtfertigt, wenn sich Lernen auf mehr als auf Fachinhalte und Stoffwissen bezieht. Lernen schließt auch den erziehlichen Teil des Unterrichtens ein. Dabei ist erkennbar, dass gegenwärtig ein verstärkter Erwartungsdruck bezüglich des erzieherischen Aspektes in die Schule hineingetragen wird. Dies hat vor allem mit den veränderten Lebensbedingungen zu tun, die in der Pädagogik oftmals verkürzt auf den Aspekt der ›veränderten Kindheit‹ fokussiert werden. In jedem Fall übernehmen Schule und Unterricht in zunehmendem Maße die Initiierung oder Steuerung von Erziehungs- und Sozialisationsprozessen, die zuvor außerhalb der Schule, in der Familie oder in Peergroups erfolgten. Für Lehrerinnen und Lehrer bedeutet dies, dass Ihnen in steigendem Ausmaß Sozialkompetenzen abgefordert werden, ohne dass deshalb die notwendige Sachkompetenz vernachlässigt werden dürfte: Das Berufsbild wird komplexer.

> „Die Beziehungsebene ist in der Didaktik bisher wie ein Stiefkind behandelt worden."
>
> *Reinhold a: Beziehungsdidaktik 1997, 7*

Unterricht ist eine spezielle Interaktionsform zwischen Lehrenden und Lernenden. Sie ist auf Kommunikation und auf gesicherte Beziehungen angewiesen. Im Unterricht treffen unterschiedliche Individuen mit unterschiedlichen Zielsetzungen aufeinander, kommunizieren miteinander und beeinflussen sich wechselseitig. Unterrichten bedeutet daher neben der Inhalts- und der Vermittlungsarbeit immer auch ›Beziehungsarbeit‹, die den Aufbau und Erhalt der Kommunikation zum Gegenstand hat. Miller führt aus, dass »erst auf dem Boden stabiler Beziehungen und ›klaren Verhältnissen‹ [...] wirksames Lehren und erfolgreiches Lernen möglich« sind.[36]

Die Beziehungsarbeit von Lehrerinnen und Lehrern gliedert Miller in seiner ›Beziehungsdidaktik‹ in eine Reihe von Handlungsaspekten auf. Danach sollen Lehrerinnen und Lehrer

- »wahrnehmen, beobachten und das Beobachtete klar äußern,
- deutlich Rückmeldungen geben: Eindrücke, Wirkungen, Gefühle,
- Verhaltensweisen beschreiben, statt bewerten, Schuldzuweisungen vermeiden,
- zwischen Einzelnen vermitteln und Vorschläge anbieten,
- verschiedene Methoden/Settings zur Verfügung haben und einsetzen,
- Grenzen setzen, Rahmenbedingungen verdeutlichen«.[37]

Der folgende Abschnitt beschränkt sich auf einige Hinweise zu den Bereichen ›Störung‹, ›Motivation‹ und ›Konflikt‹:

Störungen

Unterricht erwartet von den Lernenden im Verhältnis zur Lerngruppe, zum Lerninhalt und zur Lehrperson ein ›situationsangemessenes‹ Verhalten. So kann ein ›Arbeitsgeräusch‹, das in bestimmten Situationen tolerierbar ist, in einer anderen Situation als störend empfunden werden. Unruhe, Störungen und Konflikte treten aus verschiedenen Gründen auf. Gelegentlich werden sie auch durch den Unterricht selbst ausgelöst. Solche unterrichtsbedingten Störungen sind häufig dann beobachtbar, wenn einer der drei Punkte für die Unterrichtssituation zutrifft:

1 Die Kinder sind nicht ausreichend für den Lerninhalt motiviert. Sie wissen nicht, *warum* sie etwas tun sollen, oder es gibt konkurrierende Motive, die stärker sind.

2 Die Kinder sind motiviert, aber sie wissen nicht genau, *was* sie tun sollen oder *wie* sie es tun sollen. Der Arbeitsauftrag ist ihnen unklar. Die Situation enthält zu wenig Struktur.

3 Die Kinder sind vom Inhalt überfordert. Sie sind ›eigentlich‹ motiviert und wissen ›eigentlich‹ auch, was sie tun sollen, aber sie sind dazu *nicht in der Lage*. Es fehlt ihnen die Kompetenz.

Aus dieser Analyse ergeben sich erste Hinweise darauf, wie die Störung behoben oder abgefangen werden kann.

Vermuteter Auslöser		Mögliche Maßnahmen
Mangelnde Motivation	→	Motivation erhöhen • Sinn der Arbeit verdeutlichen, intrinsischen Anreiz verstärken • Arbeit kurzfristig unterbrechen, auf Bedürfnisse eingehen • Zeitbegrenzung ankündigen, extrinsischen Anreiz geben
Mangelnde Struktur	→	Strukturierung verbessern • Arbeitsauftrag noch einmal erklären • Arbeitsweg noch einmal vorführen • Arbeitsauftrag in mehrere Schritte aufteilen • Schrittfolge an die Tafel schreiben
Mangelnde Kompetenz	→	Aufgabenniveau beschränken • Aufgabe vereinfachen • zusätzliche Hilfen einführen • Handlung abbrechen

Tabelle 12: Unterrichtsbedingte Störungen

Motivation

Hinsichtlich der Motivation hat Heinrich Roth in seiner Psychologie des Lehrens und Lernens davon gesprochen, dass man den »Lerngegenstand zum Lernziel des Lernenden werden lassen« muss[38]. Vielleicht ist es hilfreich, in der Vorbereitung jeweils im Blick auf die spezifische Lerngruppe darüber nachzudenken,

„Von allen Faktoren, die die intellektuelle Leistungsfähigkeit eines Schülers betreffen, kann in der konkreten Lernsituation allein die Motivation beeinflußt werden."

- welche Darstellungsalternativen (Methoden, Medien) vorhanden sind,

- welche Handlungsmöglichkeiten und Handlungsalternativen die Kinder haben, ob Handeln in Grob- und Feinmotorik möglich ist,

Werner Weißbrot: Motivation im Unterricht 1981, 156

- wie die Einbeziehung unterschiedlicher Sinneswahrnehmungen ermöglicht werden kann,

- wie das Schülerhandeln in unterschiedliche Sozialbezüge eingebettet werden kann,

- ob unterschiedliche Erprobungs- und Anwendungssituationen zur Verfügung stehen.

Konflikte

In einer Situation, in der mehr als zwanzig Individuen aufeinander treffen, ist potentiell immer mit Konflikten zu rechnen. Es wäre also illusorisch, sich Unterricht als ›konfliktfreie Zone‹ vorzustellen. Als Praktikantin oder Praktikant sind Sie in Konfliktfällen meist auf die Autorität Ihrer Mentorin/Ihres Mentors angewiesen. Dennoch ist es sinnvoll, sich gedanklich auf Konfliktlösungen einzustellen. Liegt ein Konflikt zwischen Kindern vor, dann empfehle ich Ihnen, den unten angedeuteten ›pädagogischen Dreisprung‹ zur Grundlage Ihrer Handlung zu machen. Erst, wenn Sie das ›Ereignis‹ kennen und die Ursachen dafür abschätzen können, haben Sie auch eine Chance, helfend eingreifen zu können.

① Was hat sich ereignet?	Um was geht es genau? Was ist vorgefallen? Welcher Sachverhalt ist strittig?
② Welche Ursachen hat der Konflikt?	Welche Vorgeschichte hat der Konflikt? Aus welchen aktuellen Motiven handeln die Beteiligten?
③ Wie kann ich helfen?	Welche Möglichkeiten zur Beendigung des Konfliktes kann ich den Beteiligten vorschlagen? Wie kann ich helfen?

Tabelle 13: Vorschlag zur Vorgehensweise bei Konflikten zwischen Kindern

Wenn Sie als Person selbst in einen Konflikt mit der Klasse oder mit einzelnen Kindern verwickelt sind, empfiehlt es sich, die Regeln, die Gordon aufgestellt hat, zu beherzigen. Der folgende Text fasst die zu beachtenden Schritte zusammen.[39]

»Im Konfliktfall ist zunächst festzustellen: Wer hat das Problem? Doch derjenige, der sich durch das Verhalten des andern gestört, bedrängt fühlt. In diesem Fall soll der Problembesitzer keine Du-Botschaften aussenden („Laß das! Hör sofort auf!"), er soll von sich reden, eine Ich-Botschaft senden. („Ich fühle mich gestört, das halte ich schwer aus.") Die Ich-Botschaft soll in der Regel dreiphasig angelegt sein. Das *störende Verhalten* wird benannt, der *Effekt* und schließlich das daraus resultierende *Gefühl* beim Namen genannt: „Wenn du ständig redest, kann ich mich nicht konzentrieren. Das ist für mich sehr ärgerlich." Besitzt aber der andere das Problem, heißt meine Aufgabe „aktives Zuhören". Ich soll den andern nicht trösten, gutgemeinte Ratschläge geben, ermahnen ... sondern ihn akzeptieren, aus seinen Äußerungen besonders die Gefühle, Wünsche, Ziele heraushören und spiegelnd zurückgeben.«

7.4 Schriftlicher Entwurf

Der folgende Abschnitt fasst das Kapitel in einer Art Resümee zusammen und projiziert es auf den schriftlichen Unterrichtsentwurf. Generell werden Sie im Schulpraktikum und in der Schule zwei Formen von Unterrichtsvorbereitungen finden: die Kurzform für den Alltag und die Langform für besondere Anlässe. Für beide gilt hinsichtlich der zu bedenkenden Inhalte das Gleiche: Unterricht muss immer gründlich vorbereitet werden. Es handelt sich schließlich immer um die planerische Gestaltung eines realen Lehr-Lernprozesses, und die Kinder haben den gleichen Anspruch auf Ihre Lernunterstützung. Ob Sie einen mehrseitigen Unterrichtsentwurf in der Tasche haben oder eine einseitige Unterrichtsskizze, ist weniger von Bedeutung.

Für die Gestaltung von Unterrichtsentwürfen gibt es viele Vorschläge.[40] Sie weichen nur wenig voneinander ab. Allerdings werden Sie letztlich die Traditionen Ihres ›Standortes‹ berücksichtigen müssen. In das vorliegende Kapitel sind drei Checklisten und mehrere zusammenfassende Tabellen mit Beispielen integriert, die sich mit konkreten Aspekten der Unterrichtsplanung und damit indirekt auch mit der schriftlichen Unterrichtsvorbereitung befassen. Diese sollten Sie zur Strukturierung und inhaltlichen Ausführung Ihres Unterrichtsentwurfes heranziehen: Sie enthalten eine Vielzahl von Fragen, die Sie aufgreifen, für Ihre Adressatengruppe modifizieren und im Blick auf Ihre Ziele/Inhalte in Ihren Entwurf integrieren können. Eine Orientierung sollen Ihnen die folgenden Punkte geben:

1 Geben Sie Ihren ausführlichen Stundenentwurf einen Kopf. Er enthält alle Angaben, die Ihren Betreuern die Ablage und das Wiederauffinden erleichtern:

Datum	Vorname Name
Schule	
Klasse/Fach	
Klassenlehrer/in	
Uhrzeit	

2 Stellen Sie die Einbettung der geplanten Stunde in die mittelfristige Unterrichtsplanung (Unterrichtseinheit/Unterrichtsreihe) dar. Skizzieren Sie die Unterrichtseinheit kurz. Ansonsten benennen Sie das Thema der Stunde.

3 Nehmen Sie eine Bedingungsanalyse vor. Beschreiben Sie mit Hilfe der entsprechenden Checklisten das ›Umfeld‹ Ihres Unterrichts. Dabei sollten Sie vor allem die didaktischen Rahmenbedingungen in den Blick nehmen. Was steht zu Ihrem Thema in den Richtlinien? Ist ein Schulbuch für dieses Fach in der Klasse eingeführt? Kommt das Thema der Stunde/der Unterrichtseinheit im Schulbuch vor? Inwieweit folgen Sie diesen Vorgaben?

4 Stellen Sie die Lerngruppe dar. Beschreiben Sie die Zusammensetzung der Lerngruppe hinsichtlich der Geschlechter- oder Sozialverteilung. Beschreiben Sie das bisherige Lern- und Arbeitsverhalten, geben Sie eine Einschätzung zum Leistungsniveau der Klasse ab. Umreißen Sie die zu erwartenden Probleme. Nehmen Sie auf einzelne Kinder Bezug, vor allem dann, wenn Sie einen Zusammenhang zum Unterricht vermuten.

5 Nehmen Sie eine Sachanalyse vor. Hier geht es darum, die Sache in ihrem fachwissenschaftlichen Zusammenhang zu erörtern und den Stellenwert des Unterrichtsinhaltes in diesem System zu bestimmen. Der Umfang dieses Abschnittes wird vom Sach- und Fachzusammenhang abhängen.

6 Nehmen Sie eine Zielbestimmung vor: Sagen Sie ohne Schnörkel, was das Ziel der Stunde ist. Entfalten Sie danach den Unterrichtsstoff unter didaktischen Gesichtspunkten. Beschreiben Sie die Motivationslage, von der Sie ausgehen. Was bedeutet der Inhalt für die Kinder? Welche Verstehensschichten hat er? Was sollen die Kinder nach Ihrem Unterricht besser können, besser verstehen als vorher, und wie kommt es zum Ausdruck?

7 Entfalten Sie die methodische Strukturierung. In welche Abschnitte (Phasen, Stufen) ist die Stunde gegliedert? Welche zeitliche Strukturierung ist vorgesehen? Wie soll die Einstiegsphase/Motivationsphase verlaufen? Welche Teilschritte für die Erarbeitung sind vorgesehen? Welche Aktivitäten können die Lernenden entfalten? In welchem Verhältnis stehen diese Aktivitäten zum Ziel/zu den Zielen des Unterrichts? Welche Eigeninitiative können die Lernenden entfalten? Welche Sozialformen sind vorgesehen? Welche Formen der Anwendung, Selbstkontrolle, Kontrolle sind vorgesehen?

8 Gehen Sie auf die Frage der Weiterarbeit, Vertiefung, Vervollständigung, Übung durch Hausaufgaben ein. Ist die Erteilung von Hausaufgaben sinnvoll? Welche Hausaufgaben sind vorgesehen? Welchem Zweck dienen sie? In welchem Verhältnis stehen sie zum Ziel des Unterrichts?

9 Legen Sie ein übersichtliches Schema für den Stundenverlauf an. Wenn unter Ihren spezifischen ›Standortbedingungen‹ ein bestimmtes Schema mit festgelegten Spalten vorgesehen ist, halten Sie sich daran. Ansonsten empfehle ich das nachfolgende ›narrative‹ Schema. Es sollte die geschätzte Zeit und die geplanten Phasen enthalten. In einer Spalte sollte Raum für Ihre eigenen Anmerkungen und für mögliche Handlungsalternativen sein.

Zeit/ Phase	Ziele/Inhalte, Teilschritte methodisches Handeln der Lehrperson/Medien Aktivitäten der Kinder	Bemerkungen/ Alternativen

Nutzen Sie diese Vorlage ggf. auch für ›Unterrichtsskizze‹ oder ›Kurzausarbeitung‹.

10 Falls Sie Arbeitsblätter oder andere Zusatzblätter vorgesehen haben, fügen Sie diese dem Entwurf als Anhang bei. Skizzieren Sie das Tafelbild (das sollten Sie für sich ohnehin immer machen) oder ergänzen Sie Ihren Entwurf durch Kopien der Folien, die Sie verwenden wollen.

11 Benutzen Sie die »Checkliste 8: Zwanzig Fragen zum Unterrichtsentwurf«, um Ihre Planung zu kontrollieren. Selbstverständlich sollten Sie nicht versuchen, alle Fragen einzeln schriftlich zu beantworten. Manche der Fragen werden sich bei Ihrem Entwurf vielleicht gar nicht stellen. Sie können Ihnen dennoch helfen zu erkennen und ggf. zu begründen, warum sie für Ihre Planung nicht relevant sind.

7.5   Checkliste 8: Zwanzig Fragen zum Unterrichtsentwurf

1	Ist die Einbettung der Stunde in eine Unterrichtseinheit/-reihe erkennbar?
2	Habe ich die gesellschaftlichen Voraussetzungen des Unterrichts dargestellt?
3	Habe ich alters- und entwicklungsspezifische Aspekte der Lerngruppe aufgegriffen und individuelle Aspekte einzelner Kinder dargestellt?
4	Habe ich mich in einer Sachanalyse mit den erforderlichen Aspekten des Unterrichtsthemas auseinandergesetzt?
5	Sind die Unterrichtsziele klar und eindeutig formuliert?
6	Habe ich aktuelle Motivationshilfen für die Lernenden vorgesehen?
7	Habe ich die aktuelle Bedeutung des Inhalts für die Lerngruppe reflektiert?
8	Habe ich die Bedeutung des Inhalts unter einer Zukunftsperspektive erörtert?
9	Sind die einzelnen Phasen erkennbar?
10	Welche Darstellungs- und Veranschaulichungsmittel habe ich vorgesehen?
11	Welche Aktivitäten/Eigeninitiativen der Lernenden sind vorgesehen?
12	Entsprechen die Aktivitäten dem Alters- und Entwicklungsniveau?
13	Korrespondieren die Aktivitäten mit den Lernzielen?
14	Habe ich Differenzierungen und Handlungsalternativen vorgesehen?
15	Habe ich den Wechsel von Sozialformen vorgesehen?
16	Korrespondieren die Sozialformen mit dem Ziel und dem Inhalt des Unterrichts?
17	Stehen mir Motivations- oder Anschauungsalternativen zur Verfügung?
18	Habe ich ggf. eine Hausaufgabenstellung reflektiert?
19	Sind Arbeitsblätter, Folienausdrucke, Tafelskizze etc. beigefügt?
20	Ist der Text formal richtig und fehlerfrei?

Anmerkungen

1   Lexikoneintrag zum Thema ›Larve‹: »Jugendform von Tieren mit indirekter Entwicklung (Metamorphose), nach dem Grade der Entwicklung u. durch den Besitz besonderer larvaler Organe von den erwachsenen Tieren unterschieden, manchmal auch von völlig anderer Gestalt und Lebensweise.« [Schlagen Sie auch unter ›Metamorphose‹, ›Made‹ und ›Raupe‹ nach.]

2   Schulz, Wolfgang: Unterrichtsplanung. Mit Materialien aus Unterrichtsfächern.3. erw. Aufl. München, Wien, Baltimore: Urban & Schwarzenberg 1981.

3   Schäfer und Schaller stützen ihre ›Kommunikative Didaktik‹ auf Watzlawicks Axiome, z. B. ›Man kann nicht nicht kommunizieren.‹; ›Jede Kommunikation hat einen Inhalts- und einen Beziehungsaspekt ...‹.
Schäfer, Karl-Hermann/Schaller, Klaus: Kritische Erziehungswissenschaft und kommunikative Didaktik. 2. Aufl. Heidelberg: Quelle und Mayer 1973. (s. auch Fußnote 5).

4   Bönsch, Manfred: Didaktisches Minimum. Neuwied, Kriftel, Berlin 1996, 150.

5   Schäfer, Karl-Hermann/Schaller, Klaus: Kritische Erziehungswissenschaft und kommunikative Didaktik. 2. Aufl. Heidelberg: Quelle und Mayer 1973.
Schaller, Klaus: Einführung in die Kommunikative Pädagogik. Ein Studienbuch. Freiburg: Herder 1978.
Winkel, Rainer: Die kritisch-kommunikative Didaktik. In: Didaktische Theorien. Hrg. Herbert Gudjons, Rita Teske, Rainer Winkel. Hamburg: Bergmann + Helbig 1980, 79-93.
Benikowski, Bernd: Unterrichtsstörungen und Kommunikative Didaktik. Störungen aus der Sicht der Lerngruppe und Grenzen didaktischer und psychotherapeutischer Modelle. Baltmannsweiler: Schneider Verlag Hohengehren 1995.

6   Vgl. hierzu auch: Bennack, Jürgen: Schulaufgabe: Unterricht – zeitgemäß unterrichten können. Neuwied, Kriftel: Luchterhand 2000, 63 ff.

7   Kessler, Edeltraut/Krätzschmar, Christine: Schulpädagogisches Repetitorium. Systematische Darstellung von Grundbegriffen und Basistheorien. Neuwied, Kriftel, Berlin: Luchterhand 1993, 63.

8   Beckmann, Hans-Karl/Biller Karlheinz (Hrg.): Unterrichtsvorbereitung. Probleme und Materialien. Aachen-Hahn: Hahner Verlagsgesellschaft 1993, 21.

9   Glöckel, Hans: Vom Unterricht. Lehrbuch der Allgemeinen Didaktik. 2. durchges. Aufl. Bad Heilbrunn: Klinkhardt 1992, 137. (Ich halte diese sprachliche Unterscheidung für überflüssig: Mit der gleichen Begründung müssten wir dann auch zwischen Lehrinhalt und Lerninhalt, Lehrstoff und Lernstoff etc. unterscheiden. Das erscheint mit als eine reine Konvention. Da sie sich aber durchgesetzt hat, folge ich ihr bis auf weiteres.)

10 Heimann, Paul: Didaktische Grundbegriffe. In: Paul Heimann. Didaktik als Unterrichtswissenschaft. Hrg. Kersten Reich/Helga Thomas. Klett: Stuttgart 1976, 109.

11 Heimann, Paul: Didaktische Grundbegriffe a. a. O. 108.

12 Klafki, Wolfgang: Neue Studien zur Bildungstheorie und Didaktik. Zeitgemäße Allgemeinbildung und kritisch-konstruktive Didaktik. 5. Aufl. Weinheim und Basel: Beltz 1996, 117.

13 Ich folge der Darstellung im Band ›Neue Studien zur Bildungstheorie‹(1985/1996), Seite 251-284 und dem ursprünglichen Text der Didaktischen Analyse:
Vgl. Klafki, Wolfgang: Didaktische Analyse als Kern der Unterrichtsvorbereitung (1958). In: Didaktische Analyse. 8. Aufl. Hrg. Heinricht Roth/Alfred Blumenthal.

Hannover: Schroedel 1964, 5-34. Die kursiv gesetzten Fragen sind Zitate aus diesem Text (Seitenzahlen in Klammern).

14 Neue Studien, 275.

15 Neue Studien 280.

16 Wiechmann, Jürgen: Unterrichtsmethoden – Vom Nutzen der Vielfalt. In: Zwölf Unterrichtsmethoden. Vielfalt für die Praxis. Hrg. Jürgen Wiechmann. Weinheim und Basel: Beltz 1999, 11.

17 Wiechmann, Jürgen: Unterrichtsmethoden a. a. O.

18 Sacher, Werner: Gedanken von Anfängern zur Unterrichtsplanung. Augsburg: Philosophische Fakultät I der Universität Augsburg 1992, 5.

19 Vgl. hierzu: Herbart, Johann Friedrich: Allgemeine Pädagogik aus dem Zweck der Erziehung abgeleitet [1806]. Hrg. von Hermann Hollstein. Bochum: Kamp o. J., 84 ff.

20 Vgl. hierzu: Roth, Heinrich: Pädagogische Psychologie des Lehrens und Lernens(1957). 10. Aufl. Hannover: Schroedel 1967, 222-227.

21 Schulz hat 26 verschiedene Artikulationsschemata tabellarisch zusammengestellt. Vgl. Schulz, Wolfgang: Unterrichtsmethoden: Phasen und Formen. In: Wolfgang Schulz. Anstiftung zum didaktischen Denken. Unterricht-Didaktik-Bildung. Hrg. Gunter Otto/Gerda Luscher-Schulz. Weinheim und Basel: Beltz 1996, 153.

22 Meyer, Hilbert: Unterrichtsmethoden. I. Theorieband. Frankfurt a. M.: Scriptor 1987, 86.

23 Bönsch, Manfred: Didaktisches Minimum, 144.

24 Vgl. zum Thema ›Frontalunterricht‹: Aschersleben, Karl: Frontalunterricht – klassisch und modern: eine Einführung. Neuwied, Kriftel: Luchterhand 1999.

25 Bei der Abwägung von Vor- und Nachteilen nehme ich teilweise Bezug auf: Schulz, Wolfgang: Unterrichtsmethoden: Phasen und Formen, 151-167. Prior, Harm: Sozialformen des Unterrichts. In: Enzyklopädie Erziehungswissenschaft. Band 4. Hrg. Gunter Otto/Wolfgang Schulz. Stuttgart, Dresden: Klett 1995, 143-159.

26 Stöcker, Karl: Neuzeitliche Unterrichtsgestaltung. 13., neubearb. und erw. Aufl. München: Ehrenwirth 1970, 206 ff.

27 Uhlig, Albert: Komponenten der Unterrichtsgestaltung. Drei Beiträge zu einer wissenschaftlichen Grundlegung des Unterrichts. Berlin: Volk und Wissen 1960, 18.

28 Uhlig, Albert: Komponenten a. a. O. 19.

29 Vgl. Kiper, Hanna: Einführung in die Schulpädagogik. Weinheim und Basel: Beltz 2001, 137 (unter Bezugnahme auf Einsiedler 1981).

30 Ich stütze mich im Folgenden auf: Perrott, Elizabeth: Effective teaching. A practical guide to improving your teaching. London/New York: Longman, 1982, 55 ff.

31 Becker, Georg E.: Planung von Unterricht. Handlungsorientierte Didaktik. Teil I. 6. Aufl. Weinheim und Basel: Beltz 1984, 67.

32 Vgl. z. B. Perrott (FN 29), Becker (FN 30), Aschersleben (FN 24).

33 Becker, Georg, E.: Planung von Unterricht, 65 ff. Vgl. auch Bloom, Benjamin S. (Hrg.): Taxonomie von Lernzielen im kognitiven Bereich. Übers. nach der 16. Aufl. 1971. Weinheim: Beltz 1972.

34 Text aus: Becker, Anoinette: Ich sorge für ein Tier. Ravensburg: Otto Maier 1973, 30. Zitiert nach: Kinder lesen 2. Themenorientiertes Lesebuch für die Grundschule. 2. Schuljahr. Hrg. und erarb. von Wilhelm Topsch/Angela Berkenhoff/Christa Erichson/Manfred Hoese/Brunhilde Kanzler. Hannover: Schroedel Schulbuchverlag 1986, 37.

35 Bedenken Sie, dass nicht alle Kategorien der kognitiven Taxonomie trennscharf auf einen Lesebuchtext übertragbar sind. Mögliche Fragen: *Kenntnis* – Wie heißt Philipps Freund? *Verstehen* – Erzähle die Geschichte mit eigenen Worten (Fasse zusammen)! *Anwenden* – ohne situativen Bezug schwer möglich. (Vielleicht: Wie

musst du für dein Tier sorgen?) *Analyse* – Warum reicht es nicht aus, wenn der Hund in der Kücher läuft? *Synthese* – Wie könnte Philipp das Problem in Zukunft lösen? *Bewertung* – Wie hättest du dich verhalten?

36 Miller, Reinhold: Beziehungsdidaktik. 2. überarb. Aufl. Weinheim und Basel: Beltz 1998,35.

37 Miller, Reinhold: Beziehungsdidaktik a. a. O. 83.

38 Roth, Heinrich: Pädagogische Psychologie des Lehrens und Lernens. 10. Aufl. Hannover: Schroedel 1967, 235.

39 Gramer, Egon: Lehrerrolle – Schülerrolle. In: Handbuch Praxis des Vorbereitungsdienstes. Band 1. erziehungswissenschaftliche Grundlegungen. Düsseldorf: Schwann 1981, 100. (Herv. von mir W. T.)
    Vgl. dazu: Gordon, Thomas: Lehrer-Schüler-Konferenz. Wie man Konflikte in der Schule löst. 3. Aufl. Hamburg: Hoffmann & Campe 1977.

40 Vgl. Jank, Werner/Meyer, Hilbert: Didaktische Modelle. Frankfurt: Scriptor 1991.
    Vgl. Kretschmer, Horst/Stary, Joachim: Schulpraktikum. Eine Orientierungshilfe zum Lernen und Lehren. Berlin: Cornelsen Scriptor 1998.

8 Praktikum und Praktikumsbericht

8.1 Unterrichtsbesuch

Ihr Schulpraktikum wird in der Regel durch die Universität vorbereitet und betreut. Sie werden also vermutlich während Ihrer Praktikumszeit von einer/einem Lehrenden der Hochschule im Unterricht besucht. Dieser Besuchstermin wird oft längere Zeit vorher festgelegt. Für Ihre Betreuer bedeuten die Schulbesuche einerseits einen willkommenen Kontakt zur Praxis, andererseits einen hohen Organisationsaufwand. Ihre Hochschullehrer sind oft von Semester zu Semester an unterschiedlichen Schulen tätig. Das bedeutet während der ›Besuchszeit‹ wechselnde Schulen, wechselnde Anfahrtswege und das Bereithalten von vielen unterschiedlichen Namen (Schulleitung, Mentor/in, Praktikantinnen und Praktikanten). Damit alles klappt, ist es ratsam, einige Vorkehrungen zu treffen. Im Folgenden finden Sie dazu praxiserprobte Vorschläge und Anregungen, die Sie natürlich noch auf die Ansprüche und Notwendigkeiten Ihres Praktikums transferieren müssen. Stellen Sie einige Tage vor dem vereinbarten Unterrichtsbesuch per e-Mail über die Uni-Post oder per Telefon sicher, dass Ihr/e Betreuer/in über folgende Informationen verfügt:

Vereinbartes Datum, Beginn der Unterrichtsstunde	☐ ✓
Anschrift und Telefonnummer Ihrer Schule	☐
Klassenstufe/Klassenraum, Thema Ihrer Stunde	☐
Name der Mentorin/des Mentors	☐
Name der Rektorin/des Rektors	☐
ggf. eine Wegbeschreibung von der Uni zu Ihrer Schule	☐

Treffen Sie an der Schule folgende Vorkehrungen:

Informieren Sie die Rektorin/den Rektor, wann Sie Besuch von Ihrem Betreuer erhalten werden.	☐ ✓
Informieren Sie die Kinder über den Besuch. (Eine kurze, sachliche Ankündigung, dass jemand „zum Zugucken" kommt, reicht aus.)	☐
Klären Sie bitte ab, in welchem Raum nach der Stunde/den Stunden eine Besprechung durchgeführt werden kann.	☐
Geben Sie Ihrem Betreuer die Stundenvorbereitung in der vereinbarten Form. (Fügen Sie Arbeitsblätter oder andere Unterlagen bei.)	☐
Wenn Sie hospitierend an der Stunde eines anderen Studierenden teilnehmen, dann machen Sie sich möglichst genaue Notizen, damit Sie sich an der Besprechung konstruktiv beteiligen können.	☐

Für Notfälle:

Stellen Sie sicher, dass Sie eine Möglichkeit haben, Ihren Betreuer auch kurzfristig über Änderungen zu informieren.	☐ ✓
Stellen Sie sicher, dass Ihr Betreuer eine Möglichkeit hat, Sie und/oder die Schule kurzfristig über Änderungen zu informieren.	☐
Falls sich Ihr Betreuer verspätet, warten Sie nicht, sondern fangen Sie mit dem Unterricht an.	☐

8.2 Praktikumsbericht

„Leider neigt mein Computer dazu, immer häufiger abzustürzen. Das war auch bei meinem Praktikumsbericht so..."

„Ich hoffe, dass Sie den Bericht noch bis zur Nachbesprechung durcharbeiten können..."

„Das Praktikum hat mich in meiner Berufswahl total bestätigt..."

„Obwohl mir das Praktikum gefallen hat, konnte ich am Ende doch ‚gut gehen'..."

In den meisten Praktikumsordnungen ist die Erstellung eines Praktikumsberichtes oder einer Praktikumsakte vorgeschrieben. Der nachstehende Text versteht sich als ein Vorschlag, aus dem Sie einzelne Bausteine nach eigenen Interessen oder nach Absprache mit Ihrem Betreuer auswählen können.

Voraussetzungen klären

Tragen Sie für Ihren Praktikumsbericht Fakten über die Schule und insbesondere über Ihre Klasse zusammen. Erkunden Sie Stoffverteilungspläne und erstellen Sie einen Überblick über die spezifischen Arbeitsbedingungen an Ihrer Schule/in Ihrer Klasse. Sie können sich dabei an den einschlägigen Checklisten orientieren, z. B.

- Schulorganisation (z. B. Verlässliche Grundschule)
- Einzugsbereich der Schule (freie Beschreibung)
- Schulgröße (Zahl der Klassen, Parallelklassen)
- Pausenhof (z. B. Pausenhofgestaltung)
- Größe und Zusammensetzung des Kollegiums
- Besonderheiten (z. B. spezielles Schulprofil)
- Zahl der Kinder und Zusammensetzung Ihrer Klasse
- Einzelne Kinder (z. B. Klassenwiederholer, Klassenüberspringer, Kinder, deren Muttersprache nicht Deutsch ist)
- Besonderheiten der Raumgestaltung (z. B. Lese- und Funktionsecken)
- Medienausstattung (z. B. OH-Projektor, Computer, Klassenbibliothek) usw.

2 Hospitation dokumentieren
Während des Praktikums werden Sie bei Unterrichtsstunden hospitieren. Halten Sie Ihre Hospitationseindrücke fest und arbeiten Sie ein Hospitationsprotokoll aus: Stellen Sie dar, was Sie in der Hospitation beobachtet haben, und erörtern Sie, wie Sie die einzelnen Wahrnehmungen bewerten, z. B.

- explizite oder vermutete Zielvorstellungen
- Gliederung und Ablauf des Unterrichts
- Bausteine offenen Unterrichts (z. B. Morgenkreis, Tages-/Wochenplanarbeit, Lernstationen)
- Formen der Lernsteuerung
- Aktivität der Lernenden usw.

3 Beobachtungen dokumentieren
Suchen Sie für die Zeit Ihres Praktikums einen oder mehrere Unterrichtsaspekte aus, die Sie planmäßig beobachten. Halten Sie Ihre Beobachtungen fest, und werten Sie diese im Praktikumsbericht aus, z. B.

- Beteiligung am Unterricht (z. B. Meldeverhalten von Mädchen und Jungen)
- Art, Dauer und Umfang von Unterrichtsstörungen
- Disziplinprobleme
- Art und Umfang von Hausaufgaben
- Kooperation der Kinder untereinander (z. B. im Unterricht oder in den Pausen)
- Verwendung unterschiedlicher Sozialformen (in welchen Unterrichtssituationen?)
- Einführung und/oder Verwendung von Regeln im Unterricht
- Medien-/Tafelnutzung (z. B. in Einführungs-, Übungssituationen) usw.

4 Unterrichtsversuche dokumentieren
Stellen Sie Ihre eigenen Unterrichtsversuche dar. Gestalten Sie Ihren Praktikumsbericht/Praktikumsakte/Praktikumstagebuch aus: Fotos, Skizzen, Liedtexte, Entwürfe und Ergebnisse von Schülerarbeiten, Skizzen des Tafelbildes etc. sind nicht nur Schmuck. Sie helfen Ihnen auch, Ihre Arbeit zu reflektieren.

5 Stundenentwürfe ausführlich darstellen
Arbeiten Sie entsprechend der Vereinbarung im Seminar oder entsprechend der Praktikumsordnung einen oder mehrere Unterrichtsversuche ausführlicher aus.

6 Selbstgewähltes Thema vertiefen
Arbeiten Sie eine schulpädagogische oder fachdidaktische Perspektive, z. B. einen Beobachtungsschwerpunkt, unter Einbeziehung von Fachliteratur nachträglich aus. Solche Vertiefungsschwerpunkte können sein:

- Leistungsmessung
- Differenzierung/Individualisierung
- Medieneinsatz
- Konflikte
- außercurriculare Aktivitäten (Klassenfahrt, Elternabend, Konferenzen)
- Zusammenhang von Unterricht und Erziehung.

7 Ergänzungen
Versuchen Sie, sich selbst einzuschätzen: Mit welchen Ängsten, Sorgen, Erwartungen sind Sie in das Praktikum eingetreten, mit welchen Einsichten, Ansichten, Absichten verlassen Sie das Praktikum? Welche Veränderungen oder Bestätigungen Ihres Berufsbildes hat das Schulpraktikum (vielleicht) bei Ihnen bewirkt? Welche Veränderungen oder Bestätigungen Ihres Studienverhaltens ergeben sich (vielleicht) daraus?

8 Was ist sonst noch zu beachten?
Sie unterliegen im Praktikum der Verschwiegenheit. Fassen Sie Ihren Praktikumsbericht so ab, dass Ansprüche des Datenschutzes und der Verschwiegenheit gewahrt bleiben. Achten Sie auf faire und angemessene Formulierungen. Ihr Praktikumsbericht wird gelesen: Verletzen oder kränken Sie niemanden! Das bedeutet nicht, dass Sie keine eigene Meinung haben dürfen. Ihre Wertungen sollten aber nicht nur plausibel sein, sondern auch auf einer realistischen und distanzierten Selbsteinschätzung basieren.

8.3 Checkliste 9: Praktikumsbericht

1	Habe ich Umfangs- und Gliederungserwartungen beachtet?
2	Ist mein Praktikumsbericht ausgewogen und plausibel aufgebaut?
3	Habe ich Ergänzungen wie Fotos, Schülerarbeiten, Sitzpläne etc. eingefügt?
4	Habe ich Gesichtspunkte der Verschwiegenheit beachtet?
5	Entsprechen die Zitierungen den üblichen Regeln?
6	Habe ich ein Literaturverzeichnis erstellt?
7	Sind Rechtschreibung und Interpunktion korrekt?
8	Wie viele Exemplare des Berichtes muss ich (wann? wo?) abgeben?

9 Literatur

Aschersleben, Karl: Didaktik. Stuttgart: Kohlhammer 1983.

Aschersleben, Karl: Frontalunterricht – klassisch und modern: eine Einführung. Neuwied, Kriftel: Luchterhand 1999.

Becker, Antoinette: Ich sorge für ein Tier. Ravensburg: Otto Maier 1973, 30. Zitiert nach: Kinder lesen 2. Themenorientiertes Lesebuch für die Grundschule. 2. Schuljahr. Hrg. und erarb. von Wilhelm Topsch/Angela Berkenhoff/Christa Erichson/Manfred Hoese/Brunhilde Kanzler. Hannover: Schroedel Schulbuchverlag 1986.

Becker, Georg E.: Planung von Unterricht. Handlungsorientierte Didaktik. Teil I. 6. Aufl. Weinheim und Basel: Beltz 1984.

Beckmann, Hans-Karl/Biller Karlheinz (Hrg.): Unterrichtsvorbereitung. Probleme und Materialien. Aachen-Hahn: Hahner Verlagsgesellschaft 1993.

Benikowski, Bernd: Unterrichtsstörungen und Kommunikative Didaktik. Störungen aus der Sicht der Lerngruppe und die Grenzen didaktischer und psychotherapeutischer Modelle. Baltmannsweiler: Schneider Verlag Hohengehren. 1995.

Bennack, Jürgen: Schulaufgabe: Unterricht – zeitgemäß unterrichten können. Neuwied, Kriftel: Luchterhand 2000.

Bildungskommission NRW: Zukunft der Bildung – Schule der Zukunft. Denkschrift der Kommission»Zukunft der Bildung – Schule der Zukunft« beim Ministerpräsidenten des Landes Nordrhein-Westfalen. Neuwied, Kriftel, Berlin: Luchterhand 1995.

Blankertz, Herwig: Theorien und Mododelle der Didaktik. 14. Aufl. München: Juventa 2000.

Bloom, Benjamin S. (Hrsg.): Taxonomie von Lernzielen im kognitiven Bereich. Übers. nach der 16. Aufl. 1971. Weinheim: Beltz 1972.

Bönsch, Manfred: Didaktisches Minimum. Prüfungsanforderungen für LehramtsstudentInnen. Neuwied, Kriftel, Berlin: Luchterhand 1996.

Comenius, Johann Amos: Große Didaktik. Übersetzt und herausgegeben von Andreas Flitner. Mit einem Nachwort 1992 zum Stand der Comeniusforschung von Klaus Schaller. Stuttgart: Klett-Cotta 1992.

Deutscher Bildungsrat: Strukturplan für das Bildungswesen. 1970.

Dolch, Josef: Grundbegriffe der pädagogischen Fachsprache [1952]. 6. verb. Aufl. mit viersprachigem Register. München: Ehrenwirth 1965.

Fend, Helmut: Theorie der Schule. 2. durchges. Aufl. München, Wien, Baltimore: Urban & Schwarzenberg 1981.

Fooken, Insa: Eindrücke aus einer Entwicklungspsychologie der Lebensspanne. In: Kindheit und Schule. Kinderleben im Blick von Grundschulpädagogik und Kindheitsforschung. Hrg. Imbke Behnken/Olga Jaumann. München: Juventa 1995, 199-205.

Glöckel, Hans: Vom Unterricht. Lehrbuch der Allgemeinen Didaktik. 2. durchges. Aufl. Bad Heilbrunn: Klinkhardt 1992.

Gordon, Thomas: Lehrer-Schüler-Konferenz. Wie man Konflikte in der Schule löst. 3. Aufl. Hamburg: Hoffmann & Campe 1977.

Gramer, Egon: Lehrerrolle – Schülerrolle. In: Handbuch Praxis des Vorbereitungsdienstes. Band 1. Erziehungswissenschaftliche Grundlegungen. Düsseldorf: Schwann 1981, 75-101.

Gudjons, Herbert: Pädagogisches Grundwissen. Überblick – Kompendium – Studienbuch. 6. durchges. und erg. Aufl. Bad Heilbrunn: Klinkhardt 1999.

Heilmann, Karl: Quellenbuch der Pädagogik. Quellvorschriften und Quellstücke für die Vor- und Fortbildung des Lehrers. 4. Aufl. Berlin: Union Deutsche Verlagsgesellschaft o. J. [1909].

Heimann, Paul: Didaktik als Theorie und Lehre [1962]. In: Allgemeine Didaktik, Fachdidaktik, Fachwissenschaft. Ausgewählte Beiträge aus den Jahren 1953 bis 1969. Hrg. Detlef C. Kochan. Darmstadt: Wissenschaftliche Buchgesellschaft 1970, 110-142.

Heimann, Paul: Didaktische Grundbegriffe [1961] In: Paul Heimann. Didaktik als Unterrichtswissenschaft. Hrg. Kersten Reich/Helga Thomas. Stuttgart: Klett 1976, 103-141.

Henningsen, Jürgen: Reflexion vor Ort. In: Unterricht. Aufbau und Kritik. Hrg. Günther Dohmen/Friedemann Maurer. München: Piper [6]1976, 102-109.

Herbart, Johann Friedrich: Allgemeine Pädagogik aus dem Zweck der Erziehung abgeleitet [1806]. Hrg. von Hermann Hollstein. Bochum: Kamp o. J.

Heursen, Gerd: Allgemeine Didaktik. In: Enzyklopädie Erziehungswissenschaft. Band 3. Ziele und Inhalte der Erziehung und des Unterrichts. Hrg. Hans-Dieter Haller/Hilbert Meyer. Unter Mitarbeit von Thomas Hanisch. Stuttgart, Dresden: Klett 1995, 407-415.

Hinz, Renate: Identitäts-Bildung zwischen Utopie und Wirklichkeit. Versuch einer erfahrungswissenschaftlich orientierten Antwort für die Lehrtätigkeit an Grundschulen. Frankfurt u.a.: Peter Lang 2000.

Kron, Friedrich W.: Grundwissen Pädagogik. München, Basel: Reinhardt 1988.

Holstein, Hermann/Büttner, Heinz: Die Erfassung von Unterricht durch Analyse. Ratingen, Kastellaun, Düsseldorf: Henn 1972.

Jank, Werner/Meyer, Hilbert: Didaktische Modelle. Berlin: Cornelsen Scriptor 1991 [Nachdr. 1997].

Kaiser, Arnim/Kaiser, Ruth: Studienbuch der Pädagogik. Grund- und Prüfungswissen. 9. Aufl. Berlin: Cornelsen Scriptor 1998.

Keßler, Edeltraut/Krätzschmar, Christine: Schulpädagogisches Repetitorium. Systematische Darstellung von Grundbegriffen und Basistheorien. Neuwied, Kriftel, Berlin: Luchterhand 1993.

Kiper, Hanna: Einführung in die Schulpädagogik. Weinheim und Basel: Beltz 2001.

Klafki, Wolfgang: Didaktik . In: Neues Pädagogisches Lexikon 1971, Sp. 225.

Klafki, Wolfgang: Didaktische Analyse als Kern der Unterrichtsvorbereitung [1958]. In: Klafki, Wolfgang: Studien zur Bildungstheorie und Didaktik. Weinheim und Basel: Beltz 1975, 126-153.

Klafki, Wolfgang: Die bildungstheoretische Didaktik im Rahmen kritisch konstruktiver Erziehungswissenschaft. In: Didaktische Theorien. Hrg. Herbert Gudjons, Rita Teske, Rainer Winkel. Hamburg: Bergmann + Helbig 1980, 11-26.

Klafki, Wolfgang: Die didaktische Analyse als Kern der Unterrichtsvorbereitung [1958]. In: Didaktische Analyse. Auswahl. Grundlegende Aufsätze aus der Zeitschrift

Die Deutsche Schule. Reihe A 1. 8. Aufl. Hrg. Heinrich Roth/Alfred Blumenthal. Hannover: Schroedel 1964, 5-34.

Klafki, Wolfgang: Gesellschaftliche Funktionen und pädagogischer Auftrag der Schule in einer demokratischen Gesellschaft. In: Subjektivität Vernunft Demokratie. Analysen und Alternativen zur konservativen Schulpolitik. Hrg. Karl-Heinz Braun/Klaus Müller/Reinhard Odey. Weinheim und Basel: Beltz 1989, 4-33.

Klafki, Wolfgang: Neue Studien zur Bildungstheorie und Didaktik. Zeitgemäße Allgemeinbildung und kritisch-konstruktive Didaktik. 5. Aufl. Weinheim und Basel: Beltz 1996.

Klafki, Wolfgang: Von der bildungstheoretischen Didaktik zu einem kritisch-konstruktiven Bildungsbegriff – Dialog mit Wolfgang Klafki. In: Didaktische Trends. Dialoge mit Allgemeindidaktikern u. Fachdidaktikern. Hrsg. Wolfgang Born/Gunter Otto/H. Blankertz u.a. München, Wien, Baltimore: Urban & Schwarzenberg 1978.

Kretschmer, Horst/Stary, Joachim: Schulpraktikum. Eine Orientierungshilfe zum Lernen und Lehren. Berlin: Cornelsen Scriptor 1998.

Kron, Friedrich: Grundwissen Didaktik. München, Basel: Reinhardt 1993.

Manguel, Alberto: Eine Geschichte des Lesens. Darmstadt: 1998.

Memmert, Wolfgang: Didaktik in Grafiken und Tabellen. 3., verb. u. erw. Aufl. Bad Heilbrunn/Obb.: Klinkhardt 1983.

Meyer, Hilbert: Türklinkendidaktik. Aufsätze zur Didaktik, Methodik und Schulentwicklung. Berlin: Cornelsen Verlag Scriptor 2001.

Meyer, Hilbert: UnterrichtsMethoden, 2 Bde. Berlin: Cornelsen Verlag Scriptor 1999.

Meyer, Hilbert: Unterrichtsmethoden. I. Theorieband. Frankfurt a. M.: Scriptor 1987.

Meyer, Meinert A./Reinartz, Andrea (Hrg.): Bildungsgangdidaktik. Denkanstöße für pädagogische Forschung und schulische Praxis. Opladen: Leske + Budrich 1998.

Miller, Reinhold: Beziehungsdidaktik. 2. überarb. Aufl. Weinheim und Basel: Beltz 1998.

Nauck, Joachim: Unterrichtsbeobachtung und Analyse. In: Didaktisches Denken und Handeln. Eine Einführung in die Theorie des Unterrichts. Hrg. Dieter Hoof. 2. Aufl. Braunschweig: o. V. 1986, 23-45.

Perrott, Elizabeth: Effective teaching. A practical guide to improving your teaching. London/New York: Longman, 1982.

Peterßen, Wilhelm H.: Handbuch Unterrichtsplanung. Grundfragen, Modelle, Stufen, Dimensionen. 8. überarb. und erw. Aufl. München: Oldenbourg 1998.

Prior, Harm: Sozialformen des Unterrichts. In: Enzyklopädie Erziehungswissenschaft. Band 4. Hrg. Gunter Otto/Wolfgang Schulz. Stuttgart, Dresden: Klett 1995, 143-159.

Kiper, Hanna/Neumann, Dieter: Pro-Contra-Gespräch »Gibt es den geborenen Erzieher?« zwischen Dieter Neumann (pro) und Hanna Kiper (contra). In: Grundschule 33, (2001), 7-8, 72-74.

Roth, Heinrich: Pädagogische Psychologie des Lehrens und Lernens [1957]. 10. Aufl. Hannover: Schroedel 1967.

Roth, Heinrich: Die Bedeutung der empirischen Forschung für die Pädagogik. In: Denkformen und Forschungsmethoden der Erziehungswissenschaft. Band 2. Forschungsmethoden. Hrg. Siegfried Oppolzer. München: Ehrenwirth 1969.

Sacher, Werner: Gedanken von Anfängern zur Unterrichtsplanung. Augsburg: Philosophische Fakultät I der Universität Augsburg 1992.

Schäfer, Karl-Heinz: Didaktik. In: Lexikon der Pädagogik. Neue Ausgabe in vier Bänden. Band 1. Hrg. vom Willmann-Institut. Freiburg, Basel: Herder 1970, 298.

Schäfer, Karl-Hermann/Schaller, Klaus: Kritische Erziehungswissenschaft und kommunikative Didaktik. 2. Aufl. Heidelberg: Quelle und Mayer. 1973.

Schaller, Klaus: Einführung in die Kommunikative Pädagogik. Ein Studienbuch. Freiburg: Herder 1978.

Schmitt, Rudolf: Ausbildung für die Grundschule. Studium – Vorbereitungsdienst – Fort- und Weiterbildung. Frankfurt: Arbeitskreis Grundschule 1994, 17.

Schulz, Wolfgang: Aufgaben der Didaktik. Eine Darstellung aus lehrtheoretischer Sicht [1969]. In: Allgemeine Didaktik, Fachdidaktik, Fachwissenschaft. Ausgewählte Beiträge aus den Jahren 1953 bis 1969. Hrg. Detlef C. Kochan. Darmstadt: Wissenschaftliche Buchgesellschaft 1970, 403-440.

Schulz, Wolfgang: Unterricht – Analyse und Planung. In: Unterricht – Analyse und Planung. Hrg. Paul Heimann, Gunter Otto, Wolfgang Schulz. Hannover: Schroedel 1965.

Schulz, Wolfgang: Unterrichtsmethoden: Phasen und Formen. In: Wolfgang Schulz. Anstiftung zum didaktischen Denken. Unterricht-Didaktik-Bildung. Hrg. Gunter Otto/Gerda Luscher-Schulz. Weinheim und Basel: Beltz 1996, 151-167.

Schulz, Wolfgang: Unterrichtsplanung. Mit Materialien aus Unterrichtsfächern. 3. erw. Aufl. München, Wien, Baltimore: Urban & Schwarzenberg 1981.

Schwartz, Erwin: Auftrag und Ziele der Grundschule. In: Unterricht in der Grundschule. Hrg. Wilhelm Topsch. Bochum: Kamp 1982, 3-31.

Spranger, Eduard: Der geborene Erzieher. Heidelberg 1958.

Steindorf, Gerhard: Einführung in die Schulpädaogik. Bad Heilbrunn: Klinkhardt 1972.

Stöcker, Karl: Neuzeitliche Unterrichtsgestaltung. 13., neubearb. und erw. Aufl. München: Ehrenwirth 1970.

Topsch, Wilhelm: Leitfaden: Examensarbeit. Anregungen und Beispiele. Neuwied, Kriftel: Luchterhand 2000.

Topsch, Wilhelm (Hrg.): Unterricht in der Grundschule. Bochum: Kamp 1982.

Vorsmann, Norbert: Wege zur Unterrichtsbeobachtung und Unterrichtsforschung. Düsseldorf: Henn 19972.

Weigert, Hildegunde/Weigert, Edgar: Schülerbeobachtung. Ein pädagogischer Auftrag. 2. Aufl. Weinheim und Basel 1996.

Wiechmann, Jürgen: Unterrichtsmethoden – Vom Nutzen der Vielfalt. In: Zwölf Unterrichtsmethoden. Vielfalt für die Praxis. Hrg. Jürgen Wiechmann. Weinheim und Basel: Beltz 1999, 9-19.

Winkel, Rainer: Die kritisch-kommunikative Didaktik. In: Didaktische Theorien. Hrg. Herbert Gudjons, Rita Teske, Rainer Winkel. Hamburg: Bergmann + Helbig 1980, 79-93.

STUDIENTEXTE FÜR DAS LEHRAMT

Karl Aschersleben
Frontalunterricht – klassisch und modern
Band 1: 1999, 136 Seiten, kartoniert, ISBN 3-472-03394-0, € 12,40

Jürgen Bennack
Schulproblem Erziehung. Grundlagen, Beispiele, Lösungen
Band 2: 1999, 140 Seiten, kartoniert, ISBN 3-472-03975-2, € 12,40

Ullrich Amlung/Uli Jungbluth
Seminarwerkstatt Offener Unterricht
Band 3: 2000, 140 Seiten, kartoniert, ISBN 3-472-03977-9, € 12,40

Wilhelm Topsch
Leitfaden: Examensarbeit für das Lehramt
Band 4: 2000, 131 Seiten, kartoniert, ISBN 3-472-03990-6, € 12,40

Wilhelm Topsch
Grundkompetenz: Schriftspracherwerb
Band 5: 2000, 122 Seiten, kartoniert, ISBN 3-472-04520-5, € 12,40

Eiko Jürgens/Werner Sacher
Leistungserziehung und Leistungsbeurteilung
Band 6: 2000, 142 Seiten, kartoniert, ISBN 3-472-03973-6, € 14,90

Jürgen Bennack
Schulaufgabe: Unterricht – zeitgemäß unterrichten können
Band 7: 2000, 110 Seiten, kartoniert, ISBN 3-472-04488-8, € 12,40

Karl-Heinz Arnold/Eiko Jürgens
Schülerbeurteilung ohne Zensuren
Band 8: 2001, 123 Seiten, kartoniert, ISBN 3-472-03976-0, € 12,40

Arnulf Hopf
Lebensprobleme und Lernprobleme von Schülern
Band 9: 2001, 112 Seiten, kartoniert, ISBN 3-472-03991-4, € 12,40

Rainer Lersch
Gemeinsamer Unterricht – Schulische Integration Behinderter
Band 10: 2001, 112 Seiten, kartoniert, ISBN 3-472-03974-4, € 13,00

Thorsten Bohl
Prüfen und Bewerten im Offenen Unterricht
Band 11: 2001, 121 Seiten, kartoniert, ISBN 3-472-04729-1, € 14,00

Petra Hanke
Anfangsunterricht – Grundschule
Band 12: 2002, 130 Seiten, kartoniert, ISBN 3-472-04045-9, € 13,00

LEHRER(AUS)BILDUNG

Manfred Bönsch
Didaktisches Minimum
Prüfungsanforderungen für LehramtsstudentInnen
1996, 191 Seiten, kart., € 14,00
ISBN 3-472-00671-4

Manfred Bönsch
Didaktisches Additum
Prüfungsanforderungen für LehramtsreferendarInnen
1998, 246 Seiten, kart., € 17,00
ISBN 3-472-3176-X

Irene Gerard
Schule im Wandel
Schulinterne Lehrerfortbildung
2000, 90 Seiten, kart., € 14,90
ISBN 3-472-04076-9

Dieter Schulz/Heinz-Werner Wollersheim
Lehrerbildung in der öffentlichen Diskussion
1999, 178 Seiten, kart., € 17,40
ISBN 3-472-03941-8

Nadja Well
Theorie und Praxis der Lehramtsausbildung
1999, 314 Seiten, kart., € 19,90
ISBN 3-472-03892-6